증국번의 관상심리
인재의 상

氷鑑

증국번의 관상심리
인재의 상

清朝 曾國蕃 原著
金娟希 註譯

원저자 소개

曾國蕃

氷鑑의 저자 曾國蕃(1811~1872)은 중국 靑代의 행정가이며 군사지도자이다. 자는 伯涵이고 호는 滌正이며 시호는 文正이다. 靑나라 말기에 발생한 太平天國의 亂(1850~1864)을 진압하여 淸朝의 붕괴를 막는 데 공헌했다. 그는 靑으로부터 文官에게 수여된 諡號 가운데 가장 높은 영예인 文正을 하사받았다.

毛澤東은 『致黎錦熙書』에서, "나는 가까이 있는 사람 중에 오직 曾文正만을 믿고 따른다."고 하였다.(愚干根因, 獨復曾文正-曾國蕃, 淸代名臣, 諡 '文正', 世稱曾文正公)

『靑史稿·曾國蕃 傳』에 의하면 "國蕃은 사람됨이 위엄이 있고 무게가 있으며 턱수염과 구레나룻이 아름답고, 눈은 삼각형으로 모가 났으며 손님을 대할 때마다 주시하기만 하고 말하지 않아서 보는 자가 두려워서 오싹해지게 했으며, 물러가면 그 우열을 기억하여 어긋나는 경우가 없었다."고 한다.

그의 저서로는 증국번 전집의 『曾國蕃 家書』가 있다. 『曾國蕃 家書』는 지금 중국의 베스트셀러로 백 년 후 오늘날까지 큰 가치로 관심이 많은 것은 모두가 본받고 싶은 일반적인 가치와 실용적인 내용으로 되어 있기 때문이다. 家書는 전쟁터에서 자식들에게 보낸 편지 묶음인데, 修身·勸學·治家·理財·交友·爲政·用人 등의 내용으로 되어 있다. 그중 用人편에는 인재를 등용할 때는 관상도 참고해야 한다는 말도 나온다.

南懷瑾의 『論語別裁』에 의하면, 전해지는 또 한 권의 책은 曾國藩의 相을 보는 학문인 『氷鑑』이다.

『氷鑑』은 인재의 相을 논하는데 그중에서도 그 格을 논하는 데 중점을 두었다고 말할 수 있으며, 오로지 인재의 相을 논한 책이다.

『氷鑑』에서는 相을 논하는 데 있어서 神을 중요하게 보고 形을 겸하여 보며, 항상함을 중요하게 보고 기이함을 버리며, 理를 중요하게 생각하고 術을 경시하였다. 이는 형상·기이함·술수 등을 중요시하는 다른 상서와는 차이가 있다고 할 수 있다.

「曾國藩 相術 口訣」 2편을 소개한다.

曾國藩 相術 口訣　　　二首

一

邪正看眼鼻　　聰明看嘴唇

功名看氣宇　　事業看精神

壽夭看指爪　　風波看脚跟

若要問條理　　全在語言中

邪正은 눈과 코를 살피고　　聰明함은 입술을 살펴라.

功名은 기개와 도량을 살피고　事業은 정신을 살펴라.

壽夭는 손가락과 손톱을 살피고　風波는 다리와 발꿈치를 살피니

만약 하나하나의 이치를 묻고자 한다면

모두 이 말하는 가운데에 있다.

二

端莊厚重是貴相　　謙卑含容是貴相

事有歸著是富相　　心存濟物是富相

단정하고 장엄하며 온후하고 무게 있는 것이 貴相이고,

겸손하고 자신을 낮추고 널리 포용하는 것이 貴相이다.

일이 결론에 귀결됨이 있는 것이 富相이며,

마음에 제물을 보존하는 것이 富相이다.

추 천 사

相을 잘 보기가 쉽지 않다. 왜냐하면 상학 공부를 알차게 하는 것이 쉽지 않기 때문이다. 相 工夫를 제대로 하면 이치에 밝아 져서 눈이 열리기 시작한다. 천하만사의 사물을 보는 안목이 열 리는 것이다. 이를 開眼의 과정이라 일컫는다!! 開眼이 완전히 되면 상을 보는데 있어 전혀 어려움이 없다.

상공부를 제대로 하자면 좋은 스승을 만나야 한다. 아니면 좋은 책을 만나야 한다. 책이 스승이다. 좋은 책을 만나는 것도 복이 다. 시중에 많이 널려있는 잡서를 보면 공부를 망친다. 이치에 어긋난 소리만 횡성수설 늘어놓기 때문이다.

相法에는 정확한 논리가 있다. 천지만물의 이치에 근거한 엄청 난 논리이다. 바로 정통오행의 이치에 밝은 해석이 따르는 논리 정연한 책이야 말로 스승다운 길잡이가 되는 것이다.

고래로부터 전해오는 相書의 종류는 참으로 많다. 상학의 역사 가 오천년이라고 하니 수많은 相家와 奇人들이 끊임없이 발전

시켜온 다양한 상서들이 헤일 수 없이 많으나 그중에서 꼭 보아야 할 필독서는 따로 있는 것이다.

바로 상법의 교과서라고 하는 『麻依相法』과 『柳莊相法』이 기본이 되고, 『氷鑑』은 참으로 수준 높은 참고서로서 내면과 외면을 아우르는 神骨, 剛柔, 情態 등 사람의 심리를 헤아리는 데 역점을 두었다. 『氷鑑』은 간결하고 알차며 상법의 핵심만을 간추려서 정리한 가히 상서에 있어 白眉에 속하는 名著이다.

紫園 김연희는 원광대학교 동양학 대학원에서 『氷鑑』을 수 년간 강의하였다. 『氷鑑』을 번역하면서 그와 관계있는 相書들을 원문과 함께 번역하고 해설하여 함축된 내용을 이해하는데 도움을 주었다.

상학을 공부하는 독자 제현의 필독서로 꼭 권하고 싶은 마음에 추천하는 바이다.

會堂
申箕源

주역자 서문

관상학은 모든 만물의 형상을 관찰하여 그 본질을 궁구하고자 하는 것이다. 사람의 얼굴 및 외형으로 나타나는 체상을 통해 인간의 본질을 탐구하는 학문으로 '사람을 안다는 것', 즉 '知人'하는 것이 그 목적이다.

인간의 몸은 고대로부터 정신의 상대물(Counterpart) 또는 정신과 직접적 상호관계를 갖는 것으로 인지되었다. 사람에게 나타나는 형상 및 몸의 표현은 그 사람의 내면상태를 드러내 주는 신호일 뿐 아니라, 인생의 모든 희로애락을 표현하는 창구요, 의사소통의 매개체, 나아가 운명의 표지가 되기도 하였다. 인생의 지나온 삶과 미래의 삶이 교차하는 척도로서의 얼굴을 연구하고 체계화시켜 놓은 것이다.

겉으로 드러난 '몸'을 읽는 관상학에서는 '인간의 내면이 몸을 통해 외부로 반영된다'는 원리를 바탕으로 외형을 관찰함으로써 사람의 재질·성격·체질·심리상태·재능과 의지를 읽어낼 수 있다고 보았으며, 나아가 富貴·貧賤·壽夭·吉兇 등 운명을 추론하는 것까지도 가능하게 하였다.

『氷鑑』은 관상학에 대한 비유의 의미로 '그 얼음을 거울삼아 가을 짐승의 털끝까지도 살필 수 있다는 뜻'을 취한 것이다.
관상학은 10여 년 전부터 제도권으로 들어가 학문적인 연구를 할 수 있게 되었다. 이 책은 관상을 알기 쉽게 풀이한 것이라기보다는 관상학의 전문 서적이다.

淸代 曾國藩의 『氷鑑』은 인재의 相格을 논하는 데 중점을 두었다고 할 수 있다. 외부의 형상보다는 내면의 정신세계를 파악할 수 있는 神과 그 神에 의하여 나타나는 動態와 靜態 등을 중심으로 내면의 정신세계를 연구한다.

이 책의 저자 曾國藩은 실제로 '장수를 선택할 적에 반드시 먼저 얼굴로 시험하고 눈으로 헤아렸는데, 인재의 선택을 위하여 相을 보았으니 사람의 상모에 대한 것을 지극히 중시하였다'고 靑史稿 曾國藩 傳에 전해진다.

인재의 상을 볼 때 외부적으로 나타나는 형상보다는 사람의 기질, 풍모, 태도, 의지력, 주의력, 음성, 미소 등으로 내재적인 정신상태를 중요하게 본다는 것이다.

『氷鑑』에서는 형상보다는 神을, 기이함보다는 항상함을, 術보다는 理를 중요하게 생각하였다. 이는 형상·기이함·술수 등을 중요시하는 다른 상서와는 차이가 있다고 할 수 있다.

『氷鑑』은 모두 7장으로 2,353字로 매우 축약된 내용으로 되어 있다. 『氷鑑』은 고대 상술에서 요점을 뽑고 정밀한 것만을 취하여 책의 폭을 제한하였다. 7장은 神骨·剛柔·容貌·情態·鬚眉·聲音·氣色으로 되어 있다.

『氷鑑』은 그 내용이 축약되었지만 관상학의 모든 내용을 포괄하고 있기에 관상학자들이 연구하고 싶어 한다. 하지만 그 깊은 뜻을 이해하기가 무척 난해하여 쉽게 다가가지 못하고 있다.

이 책의 번역은 직역을 원칙으로 하였으며, 『氷鑑』에서 논하는 의미를 해설하기 위하여 관상학의 珍書라고 할 수 있는 『神相全編』과 『麻依相法』, 四庫全書 內의 관상학 저서[1] 『太淸神鑑』 『人倫大統賦』 『玉管照神局』 『月波洞中記』, 『人物志』[2] 『柳莊相法』 『相理衡眞』 등 고대 관상학의 내용을 인용하여 그 뜻을 이해하기 쉽게 하고 그 의미를 풍부하게 하였다.

저자 曾國蕃의 깊은 뜻을 간직하기에는 부족하고 미흡한 부분이 많지만 관상학의 초학자부터 전문가들에게 작은 도움이라도

---

1) 『四庫全書術數類全編·子部·術數類』에 수록되어 있는 관상학은 『太淸神鑑』 『人倫大統賦』 『玉管照神局』 『月波洞中記』의 4권뿐이다.
2) 劉邵의 『人物志』는 위진 시대의 국가 경영을 위한 행정학 및 인사관리가 함축된 철학서이며 人事의 기본 척도로 활용된 인재 선발의 지침서였다. 『四庫全書術數類全編·子部·雜家』에 수록되어 있다.

되기를 희망한다.

관상학에 눈을 뜨게 해주고 계속 가르침을 주신 회당 신기원 선생님, 번역에 도움을 주신 미당 이동윤 선생님, 그림에 도움을 준 김소정 선생님에게 모두 감사드립니다.

丁酉年　立春에
紫園　金娟希 註譯

일러두기

* 이 책은 증국번의 『氷鑑』을 번역하고 그에 따른 해설을 하였다.
* 『氷鑑』은 각 장에서 내용에 따라 단락을 구분하였다.
* 원문과 해설 도중 사용된 원서의 번역은 직역함을 위주로 하였으나 너무 축약된 표현 일부는 의역을 하였다.
* 원문이 다른 판본과 다른 경우, 원본의 오류가 의심되는 경우 주를 달아 표시하였다.
* 해설은 한문의 경우 의미가 더 잘 통하면 한문을 사용했는데, 원문에는 토를 달았고 해설에는 토를 달지 않았다.
* 九骨과 눈썹의 그림은 『正統五行相法寶鑑』에서 차용하였다.
* 本書 마지막에 『氷鑑』 전문을 실었다. 전문은 歐陽相如 解譯의 『氷鑑』에서 차용하였다.

목 차

第一章

神骨

1. 神骨

語云: '脫穀爲糠, 其髓斯存.' 神之謂也. '山騫不崩, 惟石爲
鎭.' 骨之謂也. 一身精神, 具乎兩目; 一身骨相, 具乎面部.
他家兼論形骸, 文人先觀神骨. 開門見山, 此爲第一.

神骨(신골)

語(어)[3]에 말하기를 '곡식을 방아 찧어 겨를 벗겨내도, 骨髓(골
수)는 그대로 존재한다.'라고 했으니 神(신)[4]을 말한 것이며,
'산은 이지러져도 붕괴되지 않는 것은 오로지 돌이 지탱하기 때
문이다.'라고 했으니 骨(골)[5]을 말한 것이다.
一身(일신)의 정신은 양 눈에 갖추어져 있으며, 一身(일신)의 골상

---

3) 민화 및 속담.
4) 神: 만물의 정신. 내재적인 정신상태로 음성·언어·미소·행동거지 등에서 나타난다.
5) 骨: 인체 형상의 근본이 되는 것.

은 얼굴에 갖추어져 있다. 다른 사람들은 형상과 체격조건을 겸하여 논하고 있는데, 文人(문인)은 神(신)과 骨(골)을 먼저 관찰한다. 門(문)[6]을 열고 산을 보는 데에는 이것이 첫 번째가 된다.

2. '神'之 清濁·邪正

相家論神, 有清濁之辨. 清濁易辨, 邪正難辨. 欲辨邪正, 先觀動靜. 靜若含珠, 動若水發; 靜若無人, 動若赴敵: 此爲澄清到底. 靜若螢光, 動若流水, 尖巧喜淫; 靜若半睡, 動若鹿駭: 別才而深思. 一爲敗器, 一爲隱流, 均之託跡二清, 不可不辨.

'神'之 清濁·邪正('신'의 청탁과 사정)

관상가는 神(신)을 논하는데, 神(신)에는 清濁(청탁)의 분별이 있다. 청탁의 분별은 쉽지만 邪正(사정)의 분별은 어렵다. 邪正(사정)을 분별하려면 먼저 눈빛의 動靜(동정)을 살펴야 한다. 靜(정함)은 구슬을 머금고 있는 것과 같고, 動(동함)은 물결이 일어나는 것과 같다. 정함이 사람이 없는 것과 같다면, 동함은 적에게 나아가는 것과 같으니, 이것을 맑음의 밑바닥 궁극에 이르는 것으로 삼는다.[7]

---

6) 門: 정신과 형상의 문(神骨).

靜(정함)이 반딧불의 빛과 같고, 動(동함)이 흐르는 물과 같으면 첨교해서 淫(음)을 좋아한다. 靜(정함)이 반쯤 자는 것 같고, 動(동함)이 놀란 사슴과 같다면, 유별난 재주로 깊이 생각하는 것이다. 하나는 敗器(패기)[8]이고, 하나는 隱流(은류)[9]인데, 그것을 조화하여 두 가지 맑음에 종적을 부쳤으므로 잘 분별하지 않으면 안 된다.

3. 神存於心

凡精神, 抖擻時易見, 斷續處難見. 斷者出處斷, 續者閉處續. 道家所謂 '收拾入門'之說, 不了處看其脫略, 做了處看其針線. 小心者, 從其做不了處看之, 踈節闊目, 若不經意, 所謂脫略也. 大膽者, 從其做了處看之, 愼重周密, 無有苟且, 所謂針線也. 二者實看向內處, 稍移外便落情態矣, 情態易見.

神(신)은 마음에 있다.

무릇 정신은 분발할 때에 보기가 쉬운데, 정신이 부족하여 중단

---

7) 어지러움(감정)을 다스려 안정하게 하는 것이다.
8) 靜若螢光 動若流水 尖巧喜淫; 하자 있는 그릇.
9) 靜若半睡 動若鹿駭 別才而深思; 감정을 안에 품고 나타내지 않는 부류.

되거나 지속되는 곳은 식별하기가 어렵다. 斷(단)이란 정신이 진작되어 밖으로 표현되는 부분이 중단되는 것이며, 續(속)이란 정신이 자연스럽게 안으로 쌓이는 것이다.

道家(도가)의 이른바 '收拾入門'(수습입문)[10]이란 말이 있으니, '收拾入門'(수습입문)은 아직 마치지 않은 곳에서는 그 사람의 脫略(탈략)[11]을 보고, 마친 곳에서는 그 사람의 針線(침선)[12]을 보아야 한다.

소심한 사람은 마치지 않은 곳으로부터 그것을 분별하여 따르니, 엉성한 절조와 느슨한 눈이 뜻을 다스리지 않은 것 같으니 이른바 脫略(탈략)이다.

대담한 사람은 마친 곳으로부터 그것을 분별하여 따르니, 신중하고 주도면밀하여 구차함이 있지 않으니 이른바 針線(침선)이다. 두 가지는 실제로 내면의 세계를 보는 것이니 조금이라도 밖으로 옮겨 드러나면 곧 情態(정태)를 변화시키므로, 情態(정태)는 비교적 보기 쉽다.

---

10) '收拾入門'은 道家의 養氣·練性·功法으로 잡념을 제거하여 靜으로써 動을 기다린다는 의미로 어지러운 현상을 가라앉혀 안정되게 하는 것을 말한다.
11) 대수롭지 않게 여겨 구애받지 않음.
12) 자세하고 주도면밀함.

해 설

1) 精·氣·神과 形

相學에서 사람을 관찰하고 인지해 나가는 방법을 '知人之鑑法'이라고 한다. '知人之鑑法'은 외부에 나타나는 有形·無形의 相, 즉 몸 전체의 외모인 골격·성음·정신 등 행동의 양태를 관찰하여 인물의 본질을 파악하고 이해하려고 하는 방법이다. 知人하는 목적은 사람의 타고난 본질을 이해하여 각각 타고난 적성에 부합하는 삶을 영위하려는 것이다.

상학에서의 形은 實體·身體를 말하는 것으로, 사람이 늙으면 형체가 더욱 쇠하여지는 것을 알 수 있는데, 사람의 형상을 보고서 그 상태를 파악할 수 있다. 形은 有形으로서 實體를 말하지만, 그 실체를 이루는 精·氣·神은 無形으로서 작용을 한다. 精·氣·神은 그 형상을 볼 수는 없으나 精이 있어야 氣를 기를 수 있고, 氣가 있어야 神이 존재할 수 있어 그 빛을 발할 수 있게 된다. 따라서 형상은 精·氣·神을 바탕으로 이루어진다.

"精·氣·神은 나누면 三元이 되지만 합하면 一物이다. 神은 氣

에 의존하고 氣는 精에 의존하므로 精이 충족되면 氣가 온전하고 氣가 온전하면 神이 안정되므로 精이 근본이 된다."13)라는 말과 같이 神은 精·氣·神을 집약해서 표현한 용어라고 할 수 있다.

『淮南子』에서는 形과 神의 관계에 대하여 다음과 같이 말하고 있다.

"形은 생명이 머무는 집이고, 氣는 생명을 충실하게 하는 것이며, 神은 생명을 제어하는 것이다. 하나라도 위치를 상실하면 形·氣·神 모두 상처를 받게 된다."14)

상학에서 神은 만물의 정신으로 사람에게 있어서 내면적인 기운, 즉 정신상태를 의미하고, 骨은 외부의 형상을 만드는 데 그 근본이 된다. 형상은 神에서 나오고, 형상은 神의 表에 해당하는 것이다.

『玉管照神局』15)에서는 形體와 神骨, 氣色에 대하여 다음과 같이 설명한다.

> 形體身骨, 相之根本也. 氣色, 相之枝葉也. 根本固則枝葉
> 繁, 根本枯則枝葉謝, 論相所以先究, 形體身骨而後氣色也.16)

---

13) 金洛必, 「權克中의 內丹思想」, 서울대학교 박사학위 논문, 1990, 136쪽.
14) "夫形者生之舍也, 氣者生之充也, 神者生之制也, 一失位則三者傷矣", 『淮南子』「原道訓」.
15) 『玉管照神局』은 『四庫全書術數類全編』 「子部·術數類」에 수록되어 있다. 『玉管照神局』은 南唐의 宋齋邱가 輯한 것으로 上·中·下로 이루어져 있다. 上에는 「呂洞賓賦」 「陣搏風鑑」 등 仙人들의 相法要結이, 中에는 十貴壽相과 掌法이, 下에는 사람의 身體와 面貌를 25종류의 동물에 비유한 物形들이 기록되어 있다. 『宋史』 「經籍志」 『永樂大典』에도 수록되었다.

形體와 神骨은 相의 뿌리이며, 氣色은 相의 가지와 잎이니 뿌리가 튼튼하면 가지와 잎도 번성하며, 뿌리가 마르면 가지와 잎도 시드는 것이므로 相을 논할 때에는 먼저 形體와 神骨을 조사하여 연구하고 氣色을 뒤에 하는 것이다.

神骨을 선천적으로 타고난 상이라고 본다면 氣色은 현재의 상황을 파악하는 것이라고 할 수 있다. 神骨과 氣色 모두 중요하지만 사람에 대하여 알고 싶다면 먼저 形體와 神骨을 관찰하고, 그 사람의 현재 상황을 보려면 氣色을 보는 것이다.

『神相全編』17)에서는 精·氣·神과 形에 대하여 다음과 같이 설명한다.

> 氣似油兮神似燈, 形資氣以養之. 形以養血, 血以養氣, 氣以養神, 故形全則氣全, 氣全則神全, 又云: 神完則氣寬, 神安則氣靜.18)

氣는 기름과 같고 神은 등불과 같으며, 形體는 氣를 바탕으로 길러지는 것이다. 形體로써 血을 기르고, 血로써 氣를 기르며, 氣로써 神을 기른다. 그러므로 形體가 온전하면 氣가 온전하고, 氣가 온전하면 神이 온전하다. 또 神이 온전하면 氣가 너그럽고, 神이 안정되면 氣가 고요하다.

---

16) 宋齋邱 輯, 『玉管照神局』 「雜論」, 四庫全書(文淵閣)·子部·術數類.
17) 『神相全編』은 宋의 陳希夷가 감수한 상서로 『古今圖書集成』의 「博物彙編·藝術典·相術部」에 수록되어 있다. 陳希夷는 麻衣道者에게 相을 배웠다는 설이 있으며, 陳搏(진단), 陳圖南(진도남)이라고도 한다.
18) 陳希夷, 『神相全編』 「唐擧 相神氣」, 古今圖書集成 本, 2003.

形能養神, 托氣而安, 氣不多, 則神暴而不安, 欲安其神, 先養其氣.[19]

形體는 神을 기를 수 있고, 神은 氣에 의지하여 안정된다. 氣가 부족하면 神이 난폭해지고 불안해진다. 만약 神을 안정시키려면 먼저 그 氣를 길러야 한다.

今人論神, 必曰眼有精神, 殊不知神之元, 天一生水爲精, 地二生火爲神. 精合者, 然後神從之. 內有充足之精, 則外有澄徹之神. 如行不動色, 坐不隨語, 睡易醒覺, 作事始終, 皆精神也.[20]

사람들은 神을 논할 때 반드시 눈에 精神이 있다고 하는데, 참으로 神의 元을 알지 못하는 것이다. 天一이 水를 낳아 精으로 되고, 地二가 火를 낳아 神이 된다. 精이 합해진 다음에 神이 따르게 된다. 안에 충족한 精이 있어야 밖에 맑은 神이 있게 된다. 예를 들면 움직일 때 色을 동하지 않고, 앉았을 때 함부로 말하지 않으며, 자다가 쉬이 깨고 깨어나서 일을 하는 것은 처음부터 끝까지 모두 精神이다.

神과 精은 양과 음으로 火는 神이 되고 水는 精이 된다. 水인 精은 陰으로 실질적인 지혜를 나타내고, 火인 神은 陽으로 正邪를 꿰뚫어 볼 수 있는 명석함을 나타낸다. 精이 합해진 다음에 神이 나타나 精神이 되는데, 내면에 충족한 精이 있어야 밖으로

---

19) 陳希夷, 앞의 책, 「唐擧 相神氣」.
20) 陳希夷, 위의 책, 위의 글.

맑은 神이 나타날 수 있음을 지적한다.

눈에서 神을 보는데, 눈동자의 동공과 검은 동자는 음기를 받고 흰자위와 붉은 핏줄은 양기를 받기 때문에 음기와 양기가 합해져 精明이 된다. 즉, 精은 水이고 神은 火이다.[21]

『麻衣相法』[22]에서는 神에 대하여 다음과 같이 말하고 있다.

> 寤則神遊於眼, 寐則神處於心, 是形出處於神而爲形之表, 猶日月之光外照萬物, 而其神固在日月之內也.[23]

깨어 있을 때 神은 눈에 머물고 잠들어 있을 때는 神이 마음에 머물고 있다. 형상은 神으로부터 나타나는 것이니 형상의 表가 되는 것이다. 오직 日月의 빛은 밖으로 만물을 비추지만 그 神은 진실로 日月의 안에 있는 것과 같은 것이다.

『太淸神鑑』[24]에서는 神은 안에서 발생하여 만물을 비추는 것과 같다고 한다.

> 夫望其形, 而灑然而淸, 或翹然而秀, 或皎然而明, 或凝然而瑩, 眉目聳動, 精彩射人, 皆由神發於內而見於表也.[25]

---

21) 『동의보감』외형 眼.
22) 『麻衣相法』은 『麻衣道者正易心法』과 함께 宋의 麻衣道者의 저서라고 하지만 직접 썼는지는 확실하지 않으며, 麻衣道者에게 相을 배운 陳搏이 썼다는 설이 있다. 『麻衣相法』은 모두 4권으로 각론과 총론으로 나뉘어 있으며, 達磨祖師相訣祕傳, 마의선생 石室神異賦의 銀是歌와 金鎖賦 등의 내용이 실려 있다.
23) 麻衣相士, 『麻衣相法』「論神」.
24) 『太淸神鑑』은 『四庫全書術數類全編』「子部·術數類」에 수록되었다. 『太淸神鑑』은 모두 6권으로 이루어져 있으며, 舊本은 後周의 王朴이 撰하였다. 宋·遼·金 時代의 相法에 관한 문헌으로 『永樂大典』에 산재되어 있다.
25) 王朴 撰, 『太淸神鑑』「論神」四庫全書(文淵閣)·子部·術數類.

그 형상을 바라보아 깨끗하게 맑거나, 혹은 뛰어나게 빼어
나거나, 혹은 결백하게 밝거나, 혹은 엄정하게 밝아서 眉
目이 움직이고 광채가 사람을 쏘는 것은 모두 神이 안에서
발생하여 겉으로 나타나는 것이다.

조용한 사람은 神이 편안하고, 약하고 급박한 사람은 그 神이
조급하므로 그 氣를 사납게 하지 말아야 神도 안정된다는 것이
다. 군자는 그 성정을 잘 길러서 그 氣를 사납게 하지 말아야 하
며, 그 氣가 사납지 않으면 형체가 편안하니, 형체가 편안하면서
도 神이 온전하지 않은 경우는 있지 않다고 했으며, 神의 은미
함을 알아서 조화와 작용을 함께하는 사람이 곧 聖人·至人·神
人이다.26)

『玉管照神局』의 「陳搏先生: 風鑑」에서 설명한 神에 대한 내용이다.

譬如燈之火, 其心之分, 則謂之神; 其燈之花. 則謂之神光; 其
四畔之光, 則謂之魄. 油乃精也, 油明而後燈明, 此謂之著也.

예를 들어 등불에 비유하자면
그 등불이 그 마음에 있으면 그것을 神이라 하며;
그 등불의 꽃은 그것을 神光이라 하며,
그 四方의 빛을 魄이라 하며;
그 등불의 기름은 곧 精이고,

---

26) "靜者其神安; 虛而急者其神躁, 故於君子善養其性者, 無暴其氣. 其氣不暴則形安, 形
安而神不全者, 未之有也. 知神之微, 與造化同用. 則為聖人·至人·神人", 王朴 撰,
앞의 책, 「論神」.

기름이 청명한 뒤에 등불이 밝은 것이니
그것을 드러남이라고 한다.

『神相全編』, 『麻衣相法』에 나온 神에 관한 詩를 소개한다.

神居形內不可見, 氣以養神爲命根;
氣壯血和則安固, 血枯氣散神光奔.
英標淸秀心神爽, 氣血和調神不昏;
神之淸濁爲形表, 能定貴賤最堪論.

神은 안에 있어 그 형상을 볼 수 없으나
氣와 神을 기르는 것을 생명의 근본으로 삼는다. ;
氣가 굳세고 形과 조화를 이루면 神도 편안하고
血이 氣가 흩어지면 神光도 달아난다.
형상이 맑고 수려하여 心身도 상쾌하면
氣와 血이 조화되어 神도 어둡지 않게 된다. ;
神의 淸濁이 形의 표면에 나타나
貴賤을 정하는 것은 감히 말로 표현할 수가 없다.

위의 내용들은 사람에게 있어 形과 精·氣·神이 모두 중요하지
만 형상의 근본이 되는 精·氣·神이 더 중요하다는 것을 강조하
고 있다. 精·氣·神이 인체에 충만한지의 여부가 사람의 정신
력·건강 등을 좌우하며, 사람의 형상 또한 精·氣·神에 의하여
좌우된다는 것이다.

2) 神의 판별

사람의 정신상태를 알 수 있는 神을 어떻게 살필 수 있는가? 神을 관찰한다는 것은 神의 淸·濁·邪·正을 자세히 살펴보는 것을 말한다. 神은 눈과 아울러 모든 행동에 나타나지만 눈동자에서 가장 잘 드러난다. 눈을 보면 그 사람의 정신상태를 알 수 있는 것이다.

> 平陂之質在於神, 明暗之實在於精. … 聰明者, 陰陽之精 明白之士, … 達動之機, 而暗於玄機; 玄慮之人, 識靜之原, 而困於速捷.[27]

> 공정하거나 사특한 자질은 神에 달려 있고, 명석하거나 우둔한 재능은 精氣에 달려 있다. … 총명함은 陰陽의 정기에서 비롯되고 … 명석한 사람은 움직임의 기틀은 꿰뚫어 알지만, 깊게 사려하는 사람은 고요함의 근원은 알지만 신속하거나 민첩함이 부족하다.

神에서 그 사람의 바름과 사악함을 파악할 수 있고, 精에서 깊은 지혜를 알 수 있는데, 精과 神은 눈동자에서 나타나기 때문에 눈을 관찰하면 精과 神의 상태를 알 수 있다.
陰精과 陽神의 조화가 이루어져야만 깊은 지혜로 사려할 수 있고 명석함으로 사리에 대한 변별력이 나올 수 있다. 그렇기 때문에 음양의 순수한 정기를 받아도 음양의 치우침에 따라 明白之人과

---

27) 劉昭, 『人物志』「九徵」.

思慮之人으로 그 능력이 구분되며, 음양의 조화를 이루면 명석함과 사려함이 모두 뛰어난 성인이 되는 것이라고 할 수 있다.

명석한 사람은 음기보다 양기를 많이 품부 받아 神이 精보다 강하기 때문에 민첩하며 순간적으로 사물을 꿰뚫어 볼 수 있고, 사려하는 사람은 양기보다 음기를 많이 품부 받아 精이 神보다 강하기 때문에 고요함의 근원을 알 수 있게 되는 것이다. 그러나 일반인들은 음양의 순수한 정기를 받지 못하고 청탁이 혼합되어 있으며, 음양의 기운 또한 치우친 점이 많이 있다. 그 때문에 상학에서는 氣의 淸濁에 따라 인품·덕성·지혜 등을 논하고, 氣의 치우침에 따라 음인과 양인을 구분하여 성정·재능 등을 설명하고 있다.

눈에서 보이는 神에 대하여 『麻衣相法』과 『人倫大統賦』[28]에서는 다음과 같이 설명한다.

> 眼明則神淸, 眼昏則神濁, 淸則貴, 濁則賤, 淸則寤多而寐少, 濁則寤少而寐多, 能推其寤者, 可以知其貴賤也[29]

> 눈이 밝으면 神이 맑고 눈이 흐리면 神이 흐리며, 맑으면 귀하고 흐리면 천하다. 맑으면 깨어 있을 때가 많고, 흐리면 잠들어 있을 때가 많다. 이로써 미루어 보면 가히 그 귀천을 알 수 있다.

---

28) 『人倫大統賦』는 『四庫全書術數類全編』「子部·術數類」에 수록되었다. 『人倫大統賦』는 金의 張行簡 等이 撰한 것으로 上·下로 되어 있다. 『永樂大典』에도 기재되어 있으며, 骨法의 형태를 중요시한 문헌으로 사람의 貴賤은 骨의 形態에서 결정된다는 것을 강조한다.

29) 麻衣相士; 『麻衣相法』「論神」; 『神相全編』「論神」古今圖書集成 本.

欲察神氣, 先觀目睛, 賢良澄澈, 豪俊精英 … 欲察神氣, 虛
實心術, 善惡必當, 先視其目, 故觀其外者, 則知其內, … 賢
良之士, 眼神澄澈若水, 豪俊之流, 神和惠而黑白分明.[30]

神氣를 살피려면 먼저 눈동자를 보아야 하니 어질고 착한
사람은 눈동자가 맑고, 재주가 뛰어난 사람은 눈빛이 밝고
흑백이 분명하다. … 神氣의 허실과 心術의 善惡을 관찰하
려면 반드시 먼저 그 눈을 보아야 하므로, 그 사람의 外面
을 관찰하면 그의 內心을 알 수 있는 것이다. … 어질고 착
한 사람은 眼神이 맑아서 물과 같고 재주가 뛰어난 사람은
眼神이 온화하고 黑白이 분명하다.

『達摩祖師相訣秘傳』에서는 '相主神·神主眼'이라고 한다. 相을
볼 때는 먼저 神을 보고, 神을 보려면 눈을 보아야 한다는 것이
다. 神이 지녀야 할 일곱 가지 德目과 神을 판단하는 일곱 가지
방법에 대하여 다음과 같이 말하고 있다.

● 相主神

(1) 藏不晦. 藏者, 不露也; 晦者, 無神也.
神은 감추어져야 하지만 어두우면 안 된다.
藏이란 겉으로 드러나지 않는 것이고, 晦란 神이 없는 것이다.

(2) 安不愚. 安者, 不搖動也; 愚者, 不變通也.
神은 안정되어야 하지만 어리석으면 안 된다.

---

30) 張行簡等 撰, 『人倫大統賦』四庫全書(文淵閣)·子部·術數類.

安이란 흔들리지 않는 것이고, 愚란 변통하지 못하는 것이다.

(3) 發不露. 發者, 發揚也; 露者, 輕佻也.

神은 나타나야 하지만 노출되면 안 된다.

發이란 발양하는 것이고,

露란 신중하지 못하고 가벼운 것을 말한다.

(4) 淸不枯. 淸者, 神逼人; 枯者, 神而死

神은 맑아야 하지만 메마르면 안 된다. 淸이란 사람을 가까이할 수 있을 정도로 맑은 것이고, 枯란 神氣가 죽은 듯한 것이다.

(5) 和不弱. 和者, 可親; 弱者, 可狎.

神은 온화하지만 약해서는 안 된다. 和란 온화하여 친근감을 느낄 수 있는 것이고, 弱이란 업신여긴다는 것이다.

(6) 怒不爭. 怒者, 正氣也; 爭者, 戾氣也.

怒하지만 다투어서는 안 된다.

怒란 바른 기운을 말하고, 爭이란 어그러진 기운을 말한다.

(7) 剛不孤. 剛者, 可敬; 孤者, 可惡.

剛하지만 완고해서는 안 된다

剛이란 공경하고 삼가는 것이고, 孤란 부끄럽게 하는 것이다.

● 神主眼

(1) 秀而正. 秀者論其光, 正者論其體.

수려하고 단정해야 한다.

수려함은 그 光彩를 논함이고, 단정함은 그 눈동자를 논함이다.

(2) 細而長. 細而不長小巧之人, 長而不細卽惡矣.

眼形이 가늘고 길어야 한다.

눈이 가늘면서 길지 않으면 간교한 소인이며,

길면서 가늘지 않으면 나쁘다.

(3) 定而出. 定則不露 若不出則愚人也. 出謂神出.

神은 안정되어 나와야 한다.

神이 안정되면 드러나지 않지만, 만약 神이 나타나지 않으

면 어리석은 사람이다. 出은 神氣가 나오는 것을 말함이다.

(4) 出而入. 出則有神然不入則蕩子也.

神은 나오고 거둬들여져야 한다.

出은 神이 있다는 것이지만,

거둬들이지 못한다면 방탕한 사람이다.

(5) 上下不白. 上白多必奸, 下白多必刑.

상하 흰자위가 많지 않아야 한다.

윗부분에 흰자위가 많으면 간사하고,

아랫부분에 흰자위가 많으면 반드시 형벌이 있다.

(6) 視久不脫. 神足也.

오래 쳐다봐도 눈빛이 변하지 않아야 한다. 神이 족한 것이다.

(7) 遇變不眊 有養也.

변화가 있어도 눈빛이 흐려지지 않아야 한다.

神을 기르는 바가 있는 것이다.

3) 神은 마음에 존재한다.

神을 본다는 것은 실제로 사람의 내면세계를 보는 것과 같다. 神은 두 눈에서 관찰하는데 淸과 濁, 邪와 正을 분별하여 관찰해야 한다. 淸·濁은 눈빛이 맑게 빛나는지 아니면 혼탁한지를 보는 것이고, 邪는 바르지 못하거나 사악한 것을 의미하며, 正은 올바르고 정당하고 정직한 것을 의미하는데, 邪·正은 눈빛의 動靜을 파악하는 것이다. 또한 淸 가운데에도 邪와 正이 있고, 濁 가운데에도 邪와 正이 있기 때문에 구별하기가 쉽지 않다.

> 性端正者, 平視無頗, 眼好則心好, 眼惡則心惡, … 情流蕩者,
> 轉盻不寗. 心情流蕩之徒, 則目睛往來轉盻, 不息下光, 慢偸
> 視眼, 主淫濫也.[31]

性情이 단정한 사람은 얼굴을 마주하여 똑바로 보고 한쪽으로 흘겨보지 않으며, 눈이 좋으면 마음도 좋고, 눈이 흉악하면 마음도 흉악하다. 감정이 이리저리 흔들리는 자는 눈동자를 굴리기도 하고 흘겨보기도 하지만 편안하지가 않다. 心情이 흔들리며 방탕한 무리들은 눈동자를 왔다갔다 굴리고 흘겨보며, 잠시도 쉬지 않고 눈빛이 아래를 향하며, 거만하게 훔쳐보듯 엿보는 눈은 음탕하다.

사람의 마음속에 품고 있는 邪正을 파악하려면 神을 관찰해야 한다. 타고난 본성이 단정하다면 똑바로 보고 곁눈질이 없으며

---

31) 張行簡等 撰, 앞의 책.

눈동자도 흔들리지 않는데, 마음에 품은 생각이 나쁘거나 감정 등이 불안하게 되면 눈동자를 이리저리 굴릴 뿐 아니라 물처럼 흐르는 듯 움직이며 안정되지 않게 된다. 이러한 것을 관찰하면 神이 여유가 있는 사람인지 아니면 神이 부족한 사람인지를 알 수 있다. 이는 바로 神의 상태가 어떠한지에 따라 성정의 변화도 나타나게 된다.

神이 여유가 있는 사람은 '收拾入門'이 이루어진 사람으로 행동거지가 신중하고 주도면밀하다. 반면, 神이 부족한 사람은 도량이 좁은 사람으로 정밀하지 못하고 주도면밀하지 못하며 행동거지가 어지럽고 조리가 없다.

神이 여유가 있는 사람은 눈빛이 맑고 빛나며 흘겨보지 않고, 눈썹이 수려하고 길며, 정신이 투철하고, 얼굴색이 맑고 깨끗하며 행동거지가 바다처럼 넓고도 의젓하다. 멀리서 바라보면 가을 해가 서리 내리는 하늘을 비추는 것 같고, 가까이에서 바라보면 봄바람에 흔들리는 봄의 꽃과도 같다. 일을 할 때는 강직하여 굴하지 않음이 마치 猛虎가 깊은 산속을 거니는 것과 같고, 산에서 나와 소요하는 듯하고, 붉은 봉황이 구름 위를 나는 듯하다. 앉으면 境界에 세운 돌과 같이 흔들림이 없고, 누우면 갈까마귀가 둥지에 깃들인 것 같으며, 걸으면 마치 잔잔한 물이 흐르는 것 같고, 서면 우뚝 솟은 산봉우리처럼 늠름하다. 말이 망령되지 않고, 성품은 거짓되거나 조급하지 않으며, 기쁘거나 화가 나도 마음이 동요하지 않고, 영욕에 지조를 변하지 않으며, 만 가지 태도가 항상 차분하여 단정하며, 마음이 한결같다. 이를

神有餘라고 하는데, 신이 유여한 사람은 모두 上貴人으로, 흉한 재난이 침범하기 어렵고 오래도록 하늘이 주는 복을 누린다.[32]

神이 부족한 사람은 취하지 않아도 술에 취한 듯, 항상 술에 병든 것처럼 보이며, 근심하지 않아도 근심하는 듯, 늘 근심하는 것처럼 보이며, 졸리지 않아도 조는 듯, 금방 잠에서 깨어난 것 같으며, 울지 않아도 우는 듯, 늘 놀라거나 기뻐하는 것 같다. 성내지 않는데도 성내는 듯하고, 기쁘지 않아도 기쁜 듯하며, 놀라지 않아도 놀란 듯하고, 어리석지 않은데도 어리석은 듯하며, 두려워하지 않아도 두려운 듯하다. 모습이 혼란스러우며, 얼굴색이 혼탁하고, 큰일을 저지른 듯 제정신이 아닌 것 같고, 神色이 비참하고 처량하며, 항상 무엇을 잃어버린 듯하고, 마음을 빼앗겨 멍하거나 당황하여 어찌할 바를 모르며 항상 두려워하는 듯하며, 언어가 더듬거리고 위축되어 부끄러운 일이 있어서 숨기는 듯하며, 용모와 신색이 초췌하여 능욕을 당한 듯하다. 처음에는 기색이 맑으나 후에는 흐리고, 처음에는 말이 빠르나 후에는 말을 더듬는 듯하다. 얼굴색이 처음에는 밝았다가 어두워지고, 말이 처음에는 쾌활했다가 나중에는 말을 더듬는 듯하다. 이러한 것들은 모두 神이 부족함을 말한 것이니, 神이 부족한 자는 감옥에 갇히는 재앙이나 경망스럽고 사나워 액을 당하며, 관직에 올라도 금방 지위를 잃는다.[33]

---

32) "神之有餘者, 眼光淸瑩, 顧盼不斜, 眉秀而長, 精神聳動, 容色澄徹, 擧止汪洋. 恢然遠視, 若秋日之照霜天, 巍然近矚, 似和風之動春花, 臨事剛毅, 如猛虎之步深山, 出衆迢遙, 似丹鳳而翔雲路. 其坐也, 如界石不動, 其臥也, 如棲鴉不搖, 其行也, 洋洋然如平水之流, 其立也, 昂昂然如孤峰之聳. 言不妄發, 性不妄躁, 喜怒不動其心, 榮辱不易其操, 萬態紛錯於前而心常一, 則可謂神有餘也, 神有餘者, 皆爲上貴之人, 凶災難入其身, 天祿永其終矣", 陳希夷, 『神相全編』古今圖書集成 本; 『麻衣相法』.

4. 九貴骨

骨有九起: 天庭骨隆起, 枕骨强起, 頂骨平起, 佐串骨角起, 太陽骨線起, 眉骨伏犀起, 鼻骨芽起, 觀骨豐起, 項骨平伏起. 在頭, 以天庭骨·枕骨·太陽骨爲主: 在面, 以眉骨·觀骨爲主. 五者備, 柱石器也: 一, 則不窮; 二, 則不賤; 三, 動履小勝; 四, 貴矣.

九貴骨(구귀골)

骨(골)에는 九骨(구골)의 솟아남이 있다. 天庭骨(천정골)은 불룩하게 두드러져 일어나고, 枕骨(침골)은 강하게 일어나고, 頂骨(정골)은 넓고 평평하게 일어나고, 佐串骨(좌관골)은 뿔처럼 일어나며, 太陽骨(태양골)은 선처럼 일어나고, 眉骨(미골)은 엎드려 있는 물소처럼 일어나고, 鼻骨(비골)은 싹이 트는 것처럼 일어나고, 觀骨(관골)은 풍만하게 일어나며, 項骨(항골)은 넓고 평평하게 엎드린 거북처럼 일어난다.

두상에서는 天庭骨(천정골), 枕骨(침골), 太陽骨(태양골)을 위주로 삼고, 면상에서는 眉骨(미골), 觀骨(관골)을 위주로 삼는다.

33) "神不足者, 似醉不醉, 常如病酒, 不愁似愁, 常如憂戚, 不睡似睡, 纔睡便覺, 不哭似哭, 常如驚忻. 不嗔似嗔, 不喜似喜, 不驚似驚, 不痴似痴, 不畏似畏. 容止昏亂, 色濁似染顚癎, 神色慘愴, 常如大失. 恍惚張惶, 常如恐怖, 言語悲縮, 似羞隱藏, 貌色低摧, 如遭淩辱. 色初鮮而後暗, 語初快而後訥. 此皆謂神不足也. 神不足者, 多招牢獄狂厄, 官亦主失位矣", 陳希夷, 『神相全編』 古今圖書集成 本; 『麻衣相法』.

天庭骨(천정골), 枕骨(침골), 太陽骨(태양골), 眉骨(미골), 觀骨
(관골)의 다섯 골상이 갖추어지면 나라의 동량지재로 첫째 궁하
지 않고, 둘째 천하지 않으며, 셋째 행동하고 일하는 것이 점점
뜻이 발달해 나가고, 넷째 귀함이 있을 것이다.

5. 骨之色與質

骨有色, 面以靑爲主, '少年公卿半靑面'是也. 紫次之, 白斯
下矣. 骨有質, 頭以聯者爲貴. 碎次之. 總之, 頭無惡骨, 面佳
不如頭佳.

然大而缺天庭, 終是賤品; 圓而無串骨, 半爲孤僧; 鼻骨犯眉,
堂上不壽; 顴骨與眼爭, 子嗣不立. 此中貴賤, 有毫釐千里之辨.

骨之色與質(골의 색과 질)

골에는 색이 있는데 얼굴은 청색을 위주로 하니 일찍 출세하는
사람은 태반이 靑面(청면)인 것이 그것이다. 紫色(자색)은 그다
음이고, 백색은 그 아래이다. 골에는 質(질)이 있는데 頭相(두상)
은 두부의 골격이 연관된 것을 귀하게 여기고, 두상과 떨어진
것은 그다음이다. 그것을 총괄하면 두상에는 惡骨(악골)이 없으

니, 면상이 아름다운 것은 두상이 아름다운 것만 못하다.

그러나 두상이 커도 天庭(천정)에 결함이 있으면 결국 천한 품격이다. 두상이 둥글어도 골을 관함이 없으면 절반은 고독한 승려이며, 鼻骨(비골)이 눈썹을 침범하면 지위에 오래 있지도 못하고, 관골과 눈이 다투면 후예가 서지 않는다. 이 가운데에 귀천이 있으니 毫釐千里(호리천리)의 분별이 있다.

해　설

1) 九貴骨과 九骨

골격은 그 사람의 형상을 지탱해주는 근본이다. 神이 내면의 상
태인 精神을 보는 것이라고 한다면, 骨은 외부 형상을 만들어내
는 근본이 된다.

『玉管照神局』에서는 "骨格은 인체의 근본으로 수려하고 또한
맑아야 한다."[34]라고 하였고, 『人倫大統賦』[35])에서는 "貴賤은 骨
法에서 생기고 기쁨과 근심은 形容에서 나타난다."[36] 고 하였다.
이는 骨의 중요성을 강조한 내용으로 賢愚・貴賤・壽短・吉凶은
모두 骨法에서 결정된다는 것이다.

골격은 천지의 금석을 상징하고 형상을 지탱해주는 것이므로
먼저 骨의 형태를 보고서 상의 기본을 판단하는 것이다. 금석이

---

34) "骨乃人根本, 須還秀更淸", 宋齋邱, 『玉管照神局』 四庫全書(文淵閣)・子部・術數類.
35) 『人倫大統賦』는 骨法의 형태를 중요시한 문헌으로 사람의 貴賤은 骨의 形態에서
　　결정된다는 것을 강조한다.
36) "貴賤定於骨法, 憂喜見於形容.", 張行簡等 撰, 『人倫大統賦』 四庫全書(文淵閣)・子
　　部・術數類.

란 단단한 것으로 이에 비유되는 사람의 뼈 역시 단단하여야 하고, 살은 生血을 하므로 뼈를 싸주기 때문에 후중한 흙이어야 만물을 생하고 완성시킬 수 있는 것이다.

『人倫大統賦』에서는 骨肉에 대하여 다음과 같이 설명하고 있다.

骨節象金石, 欲峻不欲橫, 欲圓不欲粗, 肥者不欲露肉, 瘦者不欲露骨. 骨與肉相稱, 氣與色相和者, 福相也. 骨寒而不夭則貧.[37]

骨節은 金石을 본뜬 것이니 높이 솟아야 하고 벌어져서는 안 되며, 둥글어야 하며 거칠면 안 된다. 살이 찐 자는 살이 늘어져서는 안 되고 마른 자는 뼈가 튀어나와서는 안 된다. 뼈와 살이 서로 알맞고 氣와 色이 서로 조화를 이룬 것이 복이 있는 상이다. 骨格이 쓸쓸하고 움츠린 것 같으면 요절하지 않으면 가난하다.

산은 산맥과 바위 등으로 금석이 웅장하면서 흙이 풍부한 土山이 되어야 좋은 산이라고 할 수 있듯이, 人體를 자연에 비교하면 山川과 같으므로 人體의 形相도 웅장하고 수려한 山川과 같이 생긴 것이 으뜸이다. 뼈는 웅장하여야 하지만 너무 강하면 오히려 그 형세가 수려하고 준엄한 것이 아니라 거칠고 사나워져 버린다.

---

37) 張行簡 等撰, 『人倫大統賦』四庫全書(文淵閣)·子部·術數類.

『麻依相法』에서는 다음과 같이 설명한다.[38]

骨不聳兮且不露, 又要圓淸兼秀氣, 骨爲陽兮肉爲陰, 陰不多
兮陽不附, 若得陰陽骨肉均, 少年不貴終身富.

뼈가 지나치게 솟지 않거나 드러나지 않아야 하고, 또한
둥글고 맑고 수려한 기운이 있어야 한다. 뼈는 양이 되고,
살은 음이 된다. 음이 부족하면 양이 기댈 수가 없게 된다.
만일 음양의 골육이 균일하면 젊어서 귀하지 않으면 평생
부유하다.

骨聳者夭, 骨露者無力, 骨軟弱者, 壽而不樂, 骨橫者凶, 骨輕
者貧賤, 骨俗者愚濁, 骨寒者窮薄, 骨圓者有福, 骨孤者無親.

뼈가 지나치게 솟으면 요절하고, 뼈가 드러나면 무능력하다.
뼈가 연약하면 수명이 길지만 즐겁지 못하다. 뼈가 옆으로
벌어졌다면 흉하다. 뼈가 가벼우면 빈천하고, 뼈가 속되면
어리석고 탁하다. 뼈가 추운 듯 웅크리면 가난하고 복이 없
으며, 뼈가 둥글면 복이 있고, 뼈가 외로우면 가족이 없다.

전체적으로 뼈는 둥글게 솟아서 튼튼해야 하며 살이 잘 덮어줘
야 한다. 하지만 지나치게 솟는다거나 露骨이 된다거나 橫骨이
되면 안 된다.
骨은 온몸을 지탱하는 근본으로서 이 책에서 말하는 九貴骨은
두상의 異骨에 해당하는 九骨을 말하는 것이 아니다.

---

38) 麻衣相士; 『麻衣相法』「相骨」.

九貴骨은　天庭骨·枕骨·頂骨·佐串骨·太陽骨·眉骨·鼻骨·觀骨· 項骨을 말하며, 九骨은 두상의 異骨로 顴骨·驛馬骨·將軍骨·日 角骨·月角骨·龍宮骨·伏犀骨·巨鰲骨·龍角骨을 말한다.

● 九貴骨

* **天庭骨 隆起:** 발제 천정～사공

천정골이 우뚝 솟아 반듯하고 널찍하며 入壁 또는 覆肝된 이 마는 웅대한 이상과 포부, 총명, 창조, 사물에 대한 분석력이 뛰어나다.

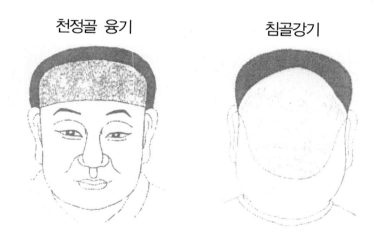

천정골 융기 　　　　　　 침골강기

* **枕骨 强起:** 後腦之骨로 充實해야 한다.

침골이 풍만하게 솟은 사람은
책임감. 의협심, 독창성, 지구력, 인내심, 의지력 강하다.

* **頂骨 平起:** 백회 정수리 부위

  복록과 장수를 다 갖춘 상으로 정직하고 인자하며 생각의 폭
  이 넓고 이상이 높다. 명예 중시, 정의감, 자존심, 자신감, 의
  지력 강하다.

| 정골평기 | 좌관골각기 |

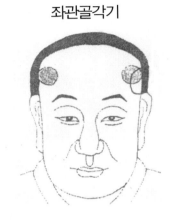

* **佐串骨 角起:** 頂骨 아래, 귀 위, 이마 양옆, 구릉 총묘 부위

  부귀하고 총명하며 언변이 뛰어나다.

  경각심 풍부, 유머감각, 화합을 중요시한다.

* **太陽骨 線起:** 천창에서 변지 부위까지 직선 상승.

  적극적이고 눈빛이 날카롭고 육감 풍부하며 과학적 두뇌를
  가졌다.

태양골선기 미골 복서기

* **眉骨 伏犀起:** 눈썹 뼈.

정열적, 직관력, 정확성, 질서의식, 예술적 감각 우수하다.

* **鼻骨 芽起:** 연·수상에서 산근 인당 중정까지 이어짐.

결단력, 의지력, 자존심이 강하며 끈기와 인내심이 있다.

비골아기 관골풍기

* **觀骨 豊起:** 양 눈의 아래, 정면. 책임감, 통솔력, 명예욕, 권력

* **項骨 伏平起:** 뒷목덜미 위로 두골 아래로 척골까지.
  노년의 운이 원만하며, 자손 번창, 사업 번창, 공직 고속 승진
  한다.

항골 복평기

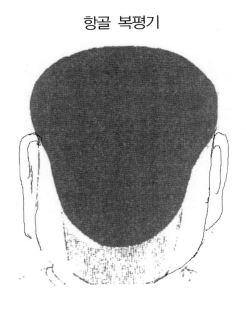

이 외 인당골(印堂骨 開闊起), 이근골(耳根骨 圓起 壽骨),
측뇌골(側腦骨 豊隆起)을 합해 12골이라고도 한다.

頭相 九貫骨之圖

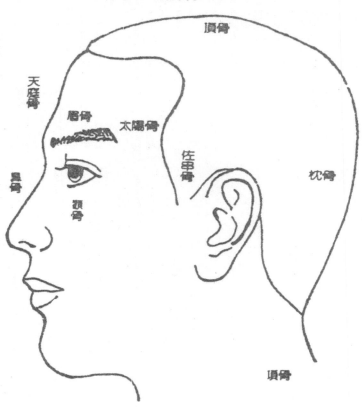

頂骨

天庭骨

日骨

太陽骨

佐甲骨

枕骨

頂骨

項骨

項骨

● 九骨: 頭相의 異骨

『月波洞中記』에서는 사람의 相을 보려면 五臟의 주재자이자 온
몸의 우두머리인 머리를 먼저 보아야 하는데 四角八方[39)]이 모
두 반드시 단정해야 하는 것이다. 方과 角이 단정하면 다음으로
骨을 본다고 하였다. 九骨은 모두 貴相으로 특이한 骨이 없으면
貴相에 들어가기가 어렵다고 하였다.

> 方維既正, 乃視其骨, 骨法九般, 皆貴相也. 無異骨終難入貴. …
> 東西兩嶽高成為顴骨, 勢入天倉為驛馬, 耳齊為將軍骨, 左眉
> 上隱隱而起者名曰日角骨, 右眉上隱隱而起者名曰月角骨, 遶
> 眼圓起者名龍宮骨, 鼻上一骨起者至腦名曰伏犀骨, 耳兩畔溝
> 胅骨高者名曰巨鰲骨, 兩眉毛入邊地稍高似角者名龍角骨, 亦
> 名輔角骨. 已上九骨, 皆三品之相.[40)]

方과 維가 모두 이미 단정하면 그 骨을 보는 것인데 骨法
9가지는 모두 귀한 相이니, 특이한 骨이 없으면 마침내 貴
相에 들어가기가 어렵다. 동서 양악에 높이 이루어진 것이
顴骨이며, 그 세력이 天倉에 들어간 것이 驛馬骨이며, 귀
와 가지런한 것이 將軍骨이며, 왼쪽 눈썹 위에 은은히 일
어난 것을 日角骨이며, 오른쪽 눈썹 위에 은은히 일어난
것을 月角骨이며 눈을 둘러싸고 둥글게 일어난 것을 龍宮
骨이며, 코 위에서 一骨이 일어나 뇌에 이른 것을 伏犀骨

---

39) 左耳는 東方이고, 右耳는 西方이며, 鼻는 南方이고, 玉枕은 北方이며, 左頰은 東南
角이고, 右頰은 西南角이며, 左壽堂은 東北角이고, 右壽堂은 西北角이다.
40) 作者未詳, 『月波洞中記』「九天玄微」 四庫全書(文淵閣)·子部·術數類.

이며, 귀의 양쪽에 오목 볼록하게 높이 일어난 것을 巨鰲骨이며, 양쪽 눈썹털이 변지로 들어가 조금 높아서 각과 같은 것을 龍角骨이며 또는 輔角骨이라 하니 이상 九骨은 모두 三品의 高官의 相이다.

다음은 『中國相法精華』「九骨」에 설명된 내용이다.

* **兩 顴骨: 東西二岳號兩顴, 左不傾兮右不偏, 有肉無骨終執鞭, 有骨無肉難掌權.**

　　　　동·서 이악은 양 관골이라 부르고 왼쪽으로도 기울지 말며, 오른쪽으로도 치우치지 말아야 한다.

　　　　살이 있고 骨이 없으면 끝내 채찍을 들고,

　　　　骨이 있으면서도 살이 없으면 권세를 주장하기 어렵다.

* **驛馬骨: 顴揷天倉號驛馬, 此人絶不居人下.**

　　　　관골이 천창을 꿰뚫고 올라간 것을 역마골이라 부르고, 이 사람은 끊어지지 않고 아래 사람을 둔다.

* **將軍骨: 顴骨揷鬢與耳齊, 將軍奮武息征擊.**

　　　　관골·빈발과 양 귀에 나란히 솟으면 장군으로 무용을 떨치며 쉬지 않고 정복한다.

* 日角骨: 左眉之上爲日角, 隱隱而起無斑駁. 眉毛淸秀眼不濁,
　　　　 三十以前定高擢.

　　　　　왼쪽 눈썹 위에 있는 일각은
　　　　　은은하게 일어나며 반박이 없어야 한다.
　　　　　눈썹 털은 맑고 아름다우며 눈은 탁하지 않아야 하며,
　　　　　30살 이전에 반드시 높이 발탁된다.

* 月角骨: 月角生於右眉上, 左與日角相對望. 不沖不破貴人相,
　　　　 而立之年受君貺.

　　　　　月角은 오른쪽 눈썹 위에 있으며, 왼쪽의 日角과 서
　　　　　로 마주 바라본다. 충파가 없어야 귀인의 상이며,
　　　　　30대에 군왕에게 하사품을 받는다.

* 龍宮骨: 繞眼骨起曰龍宮, 兼喜有肉莫敎空. 不陷不突骨氣豊,
　　　　 眼神掣電稱毫雄.

　　　　　눈을 둘러싸고 있는 뼈를 龍宮이라 하고,
　　　　　겸하여 살집이 있어야 좋지만
　　　　　빈 공간을 감싸게 하지 마라.
　　　　　함몰되지 않고 튀어나오지 않은 骨은 기운이 풍요하고,
　　　　　눈에 神氣가 빛을 끌어당기는 것 같은 호걸이라 한다.

* 伏犀骨: 鼻骨直起上入腦, 是名伏犀骨中寶. 兩眉無勢氣枯槁,
　　　　 縱居富貴不到老.

　　　　　鼻骨이 곧게 일어나 뇌 속으로 들어간 것을
　　　　　복서골이라 하며 중년에 보배롭다.

두 눈썹에 세력과 기세가 없고 고갈되어 있으면
비록 부귀가 있다 해도 늙도록 지니지 못한다.

* 巨鰲骨: 巨鰲骨起兩耳畔, 前生想是金羅漢, 虎耳玉堂氣一貫, 尙書之職可預斷.

> 양쪽 귀 두둑한 곳에서 일어났으니
> 전생에 羅漢이었다고 생각되며,
> 虎耳·玉堂의 위치를 관통해서
> 정수리로 들어가는 것으로,
> 문채가 좋아 높은 관직에 오름을 미리 가늠할 수 있다.

* 龍骨角: 龍骨角起信不易, 有此骨者是大器. 位居眉毛君須記, 稍高似角入邊地.

> 용각골이 일어나면 신의가 변하지 않고,
> 이 骨이 있는 이는 큰 그릇이다.
> 눈썹이 긴 군자가 높은 자리에 오래 있었다고 기록
> 이 있고, 점점 높아져 눈썹 끝이 변지까지 이어진다.

九貴骨과 九骨 등 두상의 골격은 서로 연결된 것을 귀하게 여기
고, 두상과 떨어진 것은 그다음으로 생각한다.

『月波洞中記』에서는 九骨의 맑음과 九行-精神·魂魄·形貌·氣色·
動止·行藏·瞻視·才智·德行-의 아름다움이 九成을 이루어낸다
고 설명하고, 九成의 術[41]을 세워서 살피도록 하였다.

---

41) 作者未詳, 『月波洞中記』「靈嶽」 四庫全書(文淵閣)·子部·術數類.

得其偏者, 形骨必俗; 稟其粹者, 神氣必全. … 雖吉凶貴賤,
紛綸不齊, 而神見於動作, 形備於骨法·善惡有相, 可得而知.

오행을 편벽됨을 얻으면 形骨이 반드시 저속하고, 순수함
을 받으면 神氣가 반드시 온전한 것이다. … 비록 길흉과
귀천이 어지럽게 섞여서 가지런하지 않으나, 神이 동작에
드러나고 形이 骨法에 갖추어지며 善惡이 相에 있으므로
알 수 있는 것이다.

凡精彩分明為一成, 魂神慷慨為二成, 形貌停穩為三成, 氣色
明淨為四成, 動止安詳為五成, 行藏合義為六成, 瞻視澄正為
七成, 才智應速為八成, 德行可法為九成.

精彩가 분명한 것이 一成이고, 魂神이 의기가 넘치는 것이
二成이고, 形貌가 안온한 것이 三成이며, 氣色이 밝고 맑
은 것이 四成이며, 행동거지가 편안하고 차분한 것이 五成
이며, 行藏이 의리에 부합하는 것이 六成이며, 瞻視가 맑
고 단정하는 것이 七成이며, 才智로 신속하게 응대하는 것
이 八成이며, 德行이 있어 본받을 만한 것이 九成이다.

九成八成臣中尊, 五成六成臣中臣, 三成四成五品人, 一成二
成有微勳. 有之不成不白身, 無成無骨永沉淪.

九成과 八成은 신하 중에서 높이 드러나고, 五成과 六成은
신하 중의 신하이며, 三成과 四成은 五品人이고, 一成과
二成은 작은 공이 있다. 이러한 골격이 있으면서 이루어지

지 않았으면 벼슬 없는 몸이 아니며, 이루어짐도 없고 골
격도 없으면 영원히 잠겨 있게 된다.

● 形의 유여와 부족

神에도 유여함과 부족함이 있지만, 骨은 형상을 지탱해주는 근
본이 되므로 형상 역시 그 유여함과 부족함이 있다. 상학에서는
神의 유여함을 形의 유여함보다 중요하게 생각하고 있다.

形에 여유가 있는 사람은 머리와 정수리가 둥글고 두터우며, 복
부와 등은 풍륭하며, 이마는 사방이 넓으며, 입술은 붉고 치아
는 깨끗해야 한다. 귀는 둥글게 귓바퀴가 이루어졌고, 코는 곧
아서 쓸개를 달아 놓은 것 같으며, 눈은 흑백이 분명하고, 눈썹
은 수려하고 트여서 길어야 한다. 어깨는 넓고 팔은 길며, 배꼽
은 두터워야 하고, 가슴은 평평하고도 넓으며, 배는 둥글면서
아래로 드리워져야 한다. 앉은 자세나 걸음걸이가 단정하고, 오
악은 조공을 바치듯 솟아야 하고, 삼정은 서로 균형이 잡혀 있
고, 살은 매끄럽고 뼈는 가늘며 손은 길고 발은 모진 듯 넓어야
한다. 멀리서 바라보면 외연하게 눈에 들어오고, 가까이에서 보
면 즐거운 듯하면서도 떠나가는 듯해야 한다. 이와 같은 경우를
形有餘라고 한다. 形이 유여하면 장수하고 무병하며 부귀와 영
광을 누리게 된다.[42]

---

42) "形之有餘者, 頭頂圓厚, 腹背豊隆, 額闊四方, 脣紅齒白, 耳圓成輪, 鼻直如膽, 眼分
黑白, 眉秀疏長, 肩膊臍厚, 胸前平闊, 腹圓垂下, 行坐端正, 五嶽朝起, 三停相稱, 肉
膩骨細, 手長足方, 望之巍巍然而來, 視之怡怡然而去, 此皆謂形有餘也, 形有餘者,
令人長壽無病, 富貴之榮矣", 陳希夷, 『神相全編』 古今圖書集成 本.

形이 부족한 사람은 머리와 정수리가 뾰족하고 얇으며, 어깨와 팔 가슴이 좁고, 갈비뼈가 드물고 가늘다. 팔꿈치 관절이 짧고, 손바닥이 얇으며 손가락 사이가 성글다. 입술이 처지고 이마가 꺼졌으며, 코가 위로 들렸고 귓바퀴가 뒤집혔으며, 허리가 낮고 가슴이 함몰되었다.

한쪽 눈썹은 굽어 있고 다른 눈썹은 곧으며, 한쪽 눈은 올라가고 한쪽 눈은 내려왔으며, 한쪽 눈은 크고 한쪽 눈이 작으며, 한쪽 관골은 높고 한쪽 관골은 낮으며, 한쪽 손에는 손금이 있고, 한쪽 손에는 손금이 없다. 눈을 뜨고 잠을 자거나 여자의 목소리를 낸다. 치아가 누르면서도 드러나고, 입이 악취를 풍기면서도 뾰족하며, 대머리로 머리털이 없으며, 눈이 깊어 눈동자가 보이지 않는다. 걸음을 걸을 때 한쪽으로 기울며, 안색이 힘이 없고 겁먹은 얼굴이며, 머리가 작고 체구가 크며, 상반신이 짧고 하반신은 길다. 이와 같은 경우를 形不足이라고 한다. 形이 부족하면 병이 많고 단명하며 복이 엷고 빈천하다.[43]

『神相全編』, 『麻衣相法』에 나온 骨에 관한 詩를 소개한다.

> 貴人骨節細圓長, 骨上無筋肉又香,
> 君骨與臣相應輔, 不愁無位食天倉,
> 骨粗豈得豊衣食, 部位應無且莫求,
> 龍虎不須相剋陷, 筋纏骨上賤堪憂.[44]

---

43) "形不足者, 頭頂尖薄, 肩膊狹窄, 腰肋疏細, 肘節短促, 掌薄指疏, 脣褰額塌, 鼻仰耳反, 腰低胸陷, 一眉曲 一眉直, 一眼仰 一眼低, 一睛大 一睛小, 一顴高 一顴低, 一手有紋 一手無紋, 睡中眼開, 言作女聲, 齒黃而露, 口臭而尖, 禿頂無棠髮, 眼深不見睛, 行步歉側, 顏色痿怯, 頭小而身大, 上短而下長, 此之謂形不足也, 形不足者, 多疾而短命, 福薄而貧賤矣", 앞의 책.

貴人의 골절은 가늘고 둥글며 긴데
뼈 위에 힘줄이 드러나지 않았으며, 살 또한 향기롭네.
군왕(龍骨)과 신하(虎骨)가 서로 응하고 보좌하면,
벼슬하지 않아도 근심 없고 天倉의 녹을 먹네.
뼈가 거칠다면 어찌 의식이 풍족할까.
관록의 지위에 인연이 없으니 구태여 구하지 마라.
龍虎가 서로 싸우지 말아야 하며,
힘줄에 뼈가 얽혔으니 천한 팔자라 걱정이네.

骨不聳兮且不露, 又要圓淸兼秀氣.
骨爲陽兮肉爲陰, 陰不多兮陽不附,
若得陰陽骨肉均, 少年不貴終身富.45)

뼈는 솟지 않고 드러나지 말아야 하며,
둥글고 맑고 수려한 기가 있어야만 하네.

뼈는 陽이요 살은 陰인데,
陰은 많지 않고 陽은 덧붙지 말아야 하네.

음양의 뼈와 살이 균형을 이루면,
소년 시절 귀하지 않으면 종신토록 부유하리.

---

44) 麻衣相士, 『麻衣相法』「相骨」.
45) 陳希夷, 『神相全編』「相骨」 古今圖書集成 本.

2) 骨의 色과 質

상학에서는 색을 설명할 때 黑色如漆, 赤色如火, 靑色似菰, 白色如脂, 黃色如蠟 등으로 표현한다. 이 다섯 가지는 모두 색은 얼굴에 나타난다. 色과 五臟과 五行, 四時가 서로 배합한 것이다.

『神相全編』의 「氣色骨肉生死訣」의 내용을 정리해보면 다음과 같다.

水는 사람에게는 신장이고, 신장은 精을 간직하고, 나타날 때의 색은 흑색이며, 겨울에 왕성하고, 火는 사람에게는 심장이고, 심장은 神을 간직하고, 나타날 때의 색은 적색이며, 여름에 왕성하며, 木은 사람에게는 간장이고, 폐장은 魂을 간직하고, 나타날 때의 색은 청색이며, 봄에 왕성하고, 金은 사람에게는 폐장이고, 폐장은 魄을 간직하고, 나타날 때의 색은 백색이며, 가을에 왕성하며, 土는 사람에게는 비장이고, 비장은 意를 간직하고, 나타날 때의 색은 황색이며, 사계에 왕성하다.

骨의 색은 六氣로부터 나온다. 六氣는 靑龍·朱雀·句陳·螣蛇·白虎·玄武이다. 氣는 밖으로 나타날 때 色으로 나타나고 氣의 충실과 불충실은 神과 관계하기 때문에 神氣가 또렷하면 그 質은 色으로 나타나게 된다. 氣色은 氣와 色을 합한 명칭이다. '氣色' '六氣' '六氣色' '六色'이라고도 한다. 자세한 내용은 7장 「氣色」에서 설명하기로 한다.

『神相全編』에 의하면 "靑龍의 氣는 상서로운 구름이 해를 감싼 것 같고, 朱雀의 氣는 저녁노을이 물에 비낀 것 같으며, 句陳의 氣는 회오리바람이 구름을 흩트리는 듯하고, 螣蛇의 氣는 풀이 타서 재가 되는 듯하며, 白虎의 氣는 비계가 엉기는 것 같고 기름을 바른 듯하며, 玄武의 氣는 아침 연기와 안개 같다."46)고 하였다.

『太淸神鑑』「六神氣色」에서 六氣로부터 나온 氣의 神色에 대하여 다음과 같이 말하고 있다.47)

兩眼黑白分明, 神光紅黃, 精彩射人者, 謂之靑龍之色. 主遷轉官職, 招進財帛喜慶之事.

靑龍의 색: 두 눈에 黑白이 분명하고 神光이 紅黃하여 아름답게 빛나는 광채가 환하게 빛나는 것을 靑龍의 색이라 한다. 관직을 옮겨 영전하고 재산과 보물이 늘어나며 집안에는 경사가 있을 것이다.

面色赤如撒丹, 擾如烟昏者·病燥者, 謂之朱雀之色. 主有官災·口舌驚擾之事.

朱雀의 색: 얼굴의 색이 丹砂를 뿌린 것처럼 붉고 어둡기가 연기가 낀 것 같고 病 들어 메마른 것 같은 것을 朱雀의 색이라 한다. 관재구설과 놀랄 일을 주관한다.

---

46) "靑龍之氣 如祥雲襯日, 朱雀之氣 如朝霞映水, 勾陳之氣 如黑風吹雲, 螣蛇之氣 如草火將灰, 白虎之氣 如凝脂塗油, 玄武之氣 如朝煙和霧", 陳希夷, 앞의 책, 「六氣」.
47) 王朴 撰, 『太淸神鑑』「六神氣色」四庫全書(文淵閣)·子部·術數類.

面上拂拂如灰土色, 精神昏濁者, 謂之螣蛇之色, 主驚憂·怪夢不祥·家宅不安之事.

螣蛇의 색: 얼굴에 안개 띤 듯 잿빛이나 흙빛으로 덮어 가리고 정신이 혼탁한 것을 螣蛇의 색이라 한다. 놀라고 근심하고 괴이한 꿈으로 상서롭지 못하고 집안이 편안치 못한 일을 주관한다.

眼色湛濁·黑白不分·神光昏翳·眼下青鋪者 謂之勾陳之色, 主牽連負累迍滯之事.

勾陳의 색: 眼色이 깊고 탁하며 흑백이 분명하지 않으며 神光이 흐리고 눈 밑에 푸른색이 덮여 있는 것을 勾陳의 색이라 한다. 죄과가 이어지고 운이 막히는 일을 주관한다.

兩眼白氣閃閃, 似淚不淚, 瑩白光者, 謂之白虎之色, 主喪凶亡·服外孝之事.

白狐의 色: 두 눈에 白氣가 번뜩이고 눈물 같으면서도 눈물이 아니며 옥빛처럼 흰 것을 白狐의 色이라 한다. 喪事·凶事와 외가 친척의 服 입는 일을 주관한다.

唇黑而顫·口傍左右黑氣拂拂者, 謂之玄武之色, 陰私小人相害, 失脫·損盜之事.

玄武의 색: 입술이 검고 떨리며 입의 좌우에 黑氣가 자욱한 것을 玄武의 색이라 한다. 남모르게 小人이 서로 해치고 잘못을 저지르고 물건을 상하게 하거나 훔치는 일을 주관한다.

第二章

剛柔

1. 剛柔

旣識神骨, 當辨剛柔. 剛柔, 卽五行生剋之數, 名曰 '先天種
子.' 不足用補, 有餘用洩. 消息直與命通, 此其皎然易見.

剛柔(강유)

이미 神(신)과 骨(골)을 알았으면 마땅히 剛(강)과 柔(유)를 분
별하여야 한다.

강유는 오행 생극의 수인데, 이름하기를 선천종자[48]라 한다.

강유가 부족하면 보충하고, 유여하면 누설시킨다.

消息(소식)은 곧바로 命(명)과 통하니,[49] 이것은 분명하여 보기
가 쉽다.

---

48) 강과 유는 '선천적으로 유전하는 생명력'을 의미한다.
49) 소식은 천지의 時運이 바뀌어가는 형편을 말한다. 양은 강한데 음이 부드러워 꽉
    차기도 하고 비기도 하는 것을 소장이라고 하는데, 사물의 소장 원리는 음양의 조
    화, 강유상제, 오행의 생극제화로 균형을 이루는 것을 '與命相通'이라고 한다.

2. 外剛柔

五行有合法, 木合火, 水合木, 此順而合. 順者多富, 卽貴亦
在浮沈之間. 金與火仇, 有時合火, 推之水土皆然, 此逆而合;
逆者, 其貴非常.

然所謂逆合者, 金形帶火則然, 火形帶金, 則三十死矣; 水形
帶土則然, 土形帶水, 則孤寒老矣; 木形帶金則然, 金形帶木,
則刀劍隨身矣. 此外牽合, 俱是雜格, 不入文人正論.

外剛柔(외강유)

오행에는 합하는 법이 있으니 木이 火와 합하고, 水가 木과 합
하는 것은 順合(순합)이다. 順合(순합)은 치부함이 많으나, 혹
우연히 귀하게 되더라도 또한 浮沈(부침)하는 사이에 있게 된다.
金은 火와 원수관계인데 때로는 火와 합하는 경우[50]도 있으니,
이러한 것을 水와 土에 미루어보면 모두 그러하니 이것이 逆合
(역합)이다; 逆合(역합)은 그 귀함이 보통이 아니다.
그러나 위에서 말한 역합 하는 상 가운데
金形人(금형인)이 火形(화형)을 띠고 있으면 그러하지만,

---

50) 순합은 상생을 말하고 역합은 상승 상모를 말함. 金과 火는 상극으로 상승 상모를
말함인데 金이 또한 火를 억제하여 火를 구속함.

火形人(화형인)에 金形(금형)을 띠고 있으면 30세에 사망한다.

水形人(수형인)에 土形(토형)을 띠고 있으면 그러하지만,

土形人(토형인)에 水形(수형)을 띠고 있으면 한평생 외롭고 쓸쓸하게 늙는다.

木形人(목형인)에 金形(금형)을 띠고 있으면 그러하지만,

金形人(금형인)이 木形(목형)을 띠고 있으면 도검의 재앙이 몸을 따르니

이 밖에 억지로 끌어다가 붙인 말들은 모두 잡격으로 文人(문인)의 정론에 들어가지 않는다.

해 설

1) 剛柔

剛柔는 음양으로 그 성질로 말하면 강함은 陽, 부드러움은 陰을 의미한다.[51] 사물의 양면에서 剛은 陽으로 밖으로 드러나고, 柔는 陰으로 안으로 쌓이게 된다. 사람에게 있어 剛柔는 밖으로 드러나 형상에서의 강유(外剛柔)와 안으로 쌓이게 되는 내면에서의 강유(內剛柔)로 구분할 수 있다. 외강유는 骨을 근본으로 밖으로 나타나게 되고, 내강유는 神을 바탕으로 안으로 쌓이게 된다.

오행에는 상생상극의 生剋制化를 중요하게 생각한다. 상생이 너무 넘치게 되거나 또는 부족하게 되면 生剋制化가 이루어지지 않는다. 상극의 경우 역시 넘치게 되면 상승, 부족하게 되면 상모의 현상을 일으키게 되어 역시 생극제화가 이루어지지 않는다. 여기에서 말하는 順合은 相生을 말하고 逆合은 相剋 중 相

---

51) 剛과 柔의 이론적 근거는 음양오행설에 있다. 『易經·繫辭傳』에 의하면 陽은 강하고 陰은 부드럽다.(陽剛而陰柔) 『易經·說卦傳』에 의하면 하늘의 道를 세워 陰과 陽이라 하고, 땅의 道를 세워 柔와 剛이라 한다.(是以立天之道, 曰陰與陽; 立地之道, 曰柔與剛) 剛과 柔는 陽과 陰을 말하는 것이다.

侮현상을 말한다.

<표 1> 人體 五行 德行 表

오행	오관	오장	육부	오체	성정	오상	주장	속성
木	目	肝	膽	筋膜爪甲	怒	仁	貴賤	精華秀茂
火	舌	心	小腸	血氣毛髮脈	喜	禮	剛柔	威勇剛烈
土	口	脾	胃	肉及肉色	思	信	貧富	載育萬物
金	鼻	肺	大腸	皮膚喘息	悲憂	義	壽夭	刑誅急難
水	耳	腎	膀胱	骨齒	驚恐	智	賢愚	聰明敏達

『神相全編』에서는 얼굴의 이목구비에 대한 오행의 상생·상극을
설명하고 있다.

● **五行 相生歌**

> 耳爲輪珠鼻爲梁, 金水相生主大昌,
> 眼明耳好多神氣, 若不爲官富更强.
> 口方鼻直人雖貴, 金土相生紫綏郎,
> 脣紅眼黑木生火, 爲人志氣足財糧.
> 舌長脣正火生土, 此人有福中年聚,
> 眼長眉秀足風流, 身掛金章朝省位.

> 귀에서는 水株요, 코에서는 鼻梁인데,
> 金水가 상생해야 대창하리라.
> 눈 밝고 귀 밝으니 神氣가 뛰어나
> 만약 벼슬이 아니라면 富가 더하리라.

모난 입에 코 바르면 사람이 귀히 되어도,
金土가 상생하면 紫綬郎일세.
입술 붉고 눈 검으면 木火가 상생이니,
위인은 포부 있고 재물과 곡식이 넉넉하리라.

혀 길고 바른 입술 火土가 상생이니,
복이 있어 중년에 재산 모으리라.
눈 길고 눈썹 수려하면 풍류스러우니,
금장을 몸에 걸고 조정에서 位를 살피겠네.

● **五行相剋歌**

耳大脣薄土剋水, 衣食貧寒空有智,
脣大耳薄亦如前, 此相之人終不貴.
鼻大眼小金剋木, 一世貧寒主孤獨,
眼大耳小學難成, 雖有資財壽命促.
舌小口大水剋火, 急性孤單足人我,
耳小鼻蠢亦不佳, 慳貪心惡多災禍.
舌大鼻小火剋金, 錢帛方盛禍來侵,
鼻大舌小招貧苦, 壽長無子送郊林.
眼大脣小木剋土, 此相之人終不富,
脣大眼小貴難求, 到老貧寒死無墓.

귀 크고 입술 얇으면 土剋水이니
의식이 빈한하고 헛되이 지혜만 있네.

입술 크고 귀 얇다면 역시 앞의 상과 같다네.
이러한 상은 평생토록 귀하지 못하다네.

코 크고 눈 작으면 金剋木이니
일생 동안 빈한하고 고독하리라.
눈 크고 귀 작으면 학업을 이루기 어렵고
아무리 재산이 많아도 수명이 짧으리라.

혀 작고 입 크면 水剋火이니
급한 성격 괴벽하여 오직 저만 아는구나.
귀 작고 코 작으면 그 역시 좋은 건 아니어서
인색하고 탐욕스러우며 약한 심보라 재앙이 많으리.

혀 크고 코 작으면 火剋金이니
금전 포백 왕성할 때 화단이 찾아드네.
코 크고 혀 작으면 빈한하고 고생이라.
수명이 길다 해도 묻어줄 자식이 없구나.

눈 크고 입술 작으면 木剋土이니
이 相이면 끝까지 부유하지 못하리라.
입술 크고 눈 작으니 귀함을 구하기 어려워라.
늙도록 빈한하니 묘지마저 없다네.

● **五行比和相應**

耳反須貼肉, 鼻仰山根足, 眼露黑睛多, 脣反齒如玉,

臉不近於眼, 合主公卿富, 只恐壽不延, 性氣剛難伏.

귀가 뒤집히면 반드시 수주에 살이 붙어야 하고,

코가 쳐들리면 山根이 족해야 한다.

눈이 노출되면 검은 동자가 많아야 하고,

입술이 뒤집히면 치아가 옥과 같아야 하고

뺨이 눈에 가깝지 아니하면, 그 주인 公卿으로 부유하리라.

오직 두려운 건 수명이 길지 않은 것,

天性이 강하여 숨어 있기 어렵구나.

2) 外剛柔

外剛柔는 밖으로 드러난 오행의 형상을 말하는데 오형인은 木形人·火形人·土形人·金形人·水形人을 말한다. 五行 形象이란 사람을 木·火·土·金·水 五行의 기운에 따라 다섯 가지 체형으로 분류하는 방법이다.

五行 形象法은 『黃帝內經·靈樞』의 「陰陽二十五人」이 그 기원으로 사람의 외형을 보고서 건강상태 및 질병, 성품 등을 판단하는 근거가 되기도 한다. 相學에서는 五形人을 『黃帝內經·靈樞』의 「陰陽二十五人」에 근거하여 설명하고 있다. 『麻衣相法』『月波洞中記』『人物志』 등에서 설명한 오형인에 대하여 알아본다.

사람이 오행의 형상을 갖추게 된 것에 대하여 『麻衣相法』에서는 다음과 같이 설명한다.

夫人之受精於水, 故稟氣於火而爲人, 精合而後神生, 神生而
後形全, 是知全於外者, 有金木水火土之相, 有飛禽走獸
之相.52)

사람은 水의 정기를 받고, 火의 기를 품어 사람이 되었는
데, 精이 합해진 이후 神이 생하였으며, 神이 생한 후에 형
상이 온전하게 된 것이다. 이를 외형에서 갖추어 金木水火
土의 형상이 있고, 날짐승과 들짐승의 형상이 있음을 알
수 있다.

『人物志』에서는 만물이 생겨나면서 형체를 갖게 되고, 형
체는 神氣와 精氣를 함유하고 있으며, 형체는 오행으로 드
러나므로 사람의 재질을 알려면 몸의 각 부분에 드러난 오
행의 상징을 관찰하면 된다.

盖人物之本, 出乎情性 情性之理, 甚微而玄, 非聖人之察,
其孰能究之哉? 凡有血氣者, 莫不含元一以爲質, 苟有形質,
猶可卽而求之.53)

무릇 인물의 근본은 精과 性에서 나오는데, 精과 性의 이
치는 매우 미묘하고 심오한 것이니, 성인의 통찰력이 아니
면 그 누가 그것을 궁구할 수 있겠는가? 모든 血氣가 있는
것은 元一의 氣를 받아서 바탕으로 삼고, 陰陽을 부여받아
서 性을 세우며 오행을 품부 받아 형체를 드러내지 않는

---

52) 麻衣相士, 『麻衣相法』「五形象說」.
53) 劉邵, 『人物志』「九徵」, 四庫全書(文淵閣)·子部·雜家類.

것이 없다. 진실로 형체와 바탕이 있으면, 오히려 그것으로 말미암아 情과 性의 이치를 탐구할 수 있다.

『月波洞中記』에 논술된 내용을 보면 인간은 一氣의 변화에서 품부 받은 음양오행의 기가 치우친 정도에 따라 성정·인품·재능 등에 차이가 나타나게 된다고 한다.

> 凡人受氣懷胎, 皆稟五行 … 得其偏者, 形骨必俗; 稟其粹者, 神氣必全. 形有厚薄, 故福有淺深; 神有明暗, 故識有智愚. 雖吉凶貴賤紛綸不齊, 而神見於動作, 形備於骨法, 善惡有相, 可得而知.[54)

> 사람이 氣를 받아 잉태한 것은 오행을 받은 것이니 … 오행이 치우친 사람은 形骨이 반드시 속되고, 순수함을 받은 사람은 神氣가 반드시 온전하다. 形에는 厚薄이 있으므로 福에 深淺이 있고, 神에는 明暗이 있으므로 智識에 智愚가 있다. 비록 吉凶·貴賤이 어지러워 한결 똑같지 않더라도, 神이 動作에서 보이고 形이 骨法에 갖추어져 있으니, 선악이 相에 있음을 알 수 있다.

음양 강유의 기가 밖으로 표출되어서 오행의 형상으로 드러나므로 오행의 조화 또는 치우침에 따라 밖으로 표현되는 형상이 다르게 나타난다. 따라서 외부로 표출되는 형상과 그 사람의 태도를 관찰하면 形의 厚薄, 福의 深淺, 神의 明暗, 智識의 智愚 등

---

54) 作者未詳, 『月波洞中記』 「靈嶽」 四庫全書(文淵閣)·子部·術數類.

을 파악할 수 있다는 것이다.

사람에게는 저마다의 체형이 있다. 목·화·토·금·수 오행의 기
운이 얼마나 어떻게 적용되었는가에 따라 오형인의 체형이 구
분된다고 볼 수 있다.

『神相全編』에서 "木은 여위어야 하고, 金은 모나야 하며, 水는
살이 쪄야 하고, 土는 두텁고 크며, 火는 뾰족하고 길어야 한
다."; "목형인은 마르고, 금형인은 방한 듯하며, 수형인은 비만
하다. 토형인은 두텁고, 등이 마치 거북 같으며, 위가 뾰족하고
아래가 넓은 듯하면 화형인이다."; "금형은 方한 것을 꺼리지
않고, 목형은 여윈 것을 꺼리지 않으며, 수형은 비만한 것을 꺼
리지 않고, 화형은 뾰족한 것을 꺼리지 않으며, 토형은 탁한 것
을 꺼리지 않는다."55)라고 하였다.

五行色은 "木의 색은 청색이며, 火의 색은 홍색이다. 土의 색은
황색이며, 水의 색은 흑색이 오행색에 적용된다. 다만 금형인은
백색을 띤다. 오체마다 얼굴의 색이 서로 다르다."56) 이러한 오
행의 형상이 상생하면 길하고 갑자기 상극하면 바람직하지 못
하다. 다섯 가지 모습을 자세히 살펴야 한다.

위의 내용을 보면, **木形**은 나무가 위로 뻗어 올라가는 기운을

---

55) "木要瘦兮金要方, 水肥土厚火尖長. 形體相生便爲吉, 忽若相剋便爲殃", 『神相全編』
「陳希夷風鑑歌」 古今圖書集成 本; "木瘦金方水主肥, 土形敦厚背如龜, 上尖下闊名
爲火, 五樣人形仔細推", 『麻衣相法』 「五行形」; "金不嫌方, 木不嫌瘦, 水不嫌肥, 火
不嫌尖, 土不嫌濁", 앞의 책.
56) 「五行象說」; "木色靑兮火色紅, 土黃水黑是眞容, 只有金形原帶白, 五般顏色不相同",
위의 책, 「五行色」.

상징하는 것이므로, 얼굴이 갸름하고 耳目口鼻가 길며 전체적으로 파리한 편으로 몸매는 곧고 훤칠하다. 火形은 불꽃이 위로 타오르듯이 날카로워서 耳目口鼻가 뾰족하고 下部가 풍부하지만 전체적으로 날렵한 인상을 주며 기색이 약간 붉다. 土形은 흙의 중후한 기질을 닮아서 얼굴이 원만·풍후하고 코의 準頭가 일어나 있으며 황색을 띠고, 몸도 살집이 풍후하다. 金形은 쇠의 모난 성질을 닮아 얼굴 끝이 바르게 모가 난 사각의 형태로 균형을 이루며 耳目口鼻 손끝 등이 방정하며 얼굴빛이 희다. 水形은 물의 윤택한 성질과 둥근 모양을 따라 얼굴도 耳目口鼻도 모두 둥글둥글하며 몸집에 살이 많아서 항아리처럼 둥글며 풍요롭고 여유가 있어 보인다.

사람의 형체와 모양은 天地에서 받고 태어난 그대로 형상을 이루고 있으니 개개인 모두가 한결같을 수 없다. 따라서 위와 같은 오형인의 형상은 그 사람이 지닌 특성에서 대체적으로 두드러지는 것을 의미하는 것이지, 명확하게 五行의 기운대로 나누어지는 것은 아니다. 즉, 같은 木形이라 하더라도 완전한 木形에 가까운 사람이 있는가 하면, 다른 네 가지 기운 중 어느 하나나 둘과 혼합된 사람이 더욱 많다. 다만 이렇게 혼합된 形이라도 가장 많이 타고난 기운을 보아서 어느 形에 속하는지 분류할 수 있는 것이다. 오형인이 혼합되었을 경우, 상생은 좋지만, 상극으로 혼합되었을 경우 혼합된 상황에 따라 좋고 나쁨이 크게 나누어진다. 어느 하나의 기운을 뚜렷하게 타고날수록 좋다.

오행 형상	형모의 특징	오행 색	기질 및 성격	성음
木形人	痩直(長)	青	溫柔	고창(高暢)
火形人	上尖下闊(露)	赤	顯露	초열(焦烈)
土形人	敦厚(厚)	黃	敦厚	심후(深厚)
金形人	堅方(方)	白	方正	화윤(和潤)
水形人	圓肥(圓)	黑	圓滿	완급(緩急)

『神相全編』「相五德配五行」에 논술된 五形人을 구체적으로 살펴보면 다음과 같다.[57]

> 木之德為仁, 含生生之機 … 稜稜形痩, 骨凜凜更脩長, 秀氣
> 生眉眼 … 木形主長, 得其五長 … 動止溫柔, 涉久而清也 …
> 在人為仁, 得其形并, 得其性, 是為真木, 主精華茂秀, 定貴
> 賤也. … 似木得木 貲財足.

木의 德은 仁으로서 생생의 기를 갖고 있다. … 위엄이 있고 곧으며, 형상이 야위어 보이고 골격이 꿋꿋하고 의젓하면서 길고, 수려한 기운이 눈썹과 눈에서 생기며 … 木形은 자라는 것을 주관하는데, 五長을 얻으면 … 행동거지가 따스하고 부드러워 오랜 시간이 지나도 맑다. … 사람에게 있어서는 仁이 되니 그 형체를 얻고 또 그 성질을 얻으면 眞木이라 하는데 精華와 수려함을 주관하고 그것으로 귀천을 정한다. … 木과 비슷한데 眞木을 얻으면 재물이 족하다.

---

57) 陳希夷, 『神相全編』「相五德配五行」林宗 郭泰 古今圖書集成 本. 郭泰는 전한 시대의 관상가로 林宗은 郭泰의 字이다.

木形은 총명하고 인자한 학자풍이며, 眞木은 맑고 깨끗한 기운이 인당에 서려 있고, 눈썹과 눈이 수려하며 모든 이목구비가 수려하다. 나무의 수려하고 맑은 기운을 타고나서 머리가 좋고 총명하며, 심성이 인자하여 불쌍한 이를 보면 측은해하는 마음이 깊으며, 성격은 정직하고 곧다. 목형의 대표적인 인물로서 퇴계 이황, 정몽준, 연예인으로는 나오미 킴벨, 살집이 있는 인물로는 씨름선수 이봉걸을 들 수 있다.

木形人

火有文武禮之附, 火之用有文武禮之體似之. … 以火爲神水作精, 精全而後神方, 生 神全而後氣方備, 氣備而後色方成. 火形主明, 得其五露, 動止敦厚, 臥久而安也. … 得其形并, 得其性, 是爲眞火, 主威勢勇烈, 定剛柔也, … 見機果.

火에는 文武가 있는데 禮의 附이다. 火의 작용에는 文과 武가 있으니 禮의 본체가 火와 비슷하다. … 火를 神으로

하고 水를 精으로 한다. 精이 온전한 다음에 비로소 神이
생기게 되고, 神이 온전한 다음에 氣가 갖추어지게 되며,
氣가 갖추어진 다음에 色이 비로소 이루어지게 된다. 화형
은 밝음을 주관하는데 五露를 얻으면 … 행동거지가 돈후
하여 오래도록 누워 있어도 편안하다. … 그 형체를 얻고
또 그 성질을 얻으면 眞火라 하는데 권위와 세력, 용맹함을
주장하며 강유를 정하며 … 기미를 보는 것이 과감하다.

火形은 가볍고 순수한 예술가형이며, 眞火는 불꽃의 밝고 맑음
을 그대로 타고 나서 지혜가 뛰어나 대성할 수 있다. 얼굴은 위
가 좁고 아래는 넓은데 우람한 기운이 없어 전체적으로는 날렵
한 인상을 준다. 코·눈·입·치아가 뾰족한 편이며 머리털이나
수염이 적다. 성격은 조급하고 기분파이며 솔직하고 즉흥적이며
급한 중에도 예절이 있어 사양심이 많다. 화형의 대표적인 인물
은 강호동, 서세원 등을 들 수 있다.

火形人

土定不移信常足, 土之性定信立綱維. 端厚仍深重, 安詳若泰山, 心謀難測度, 信義動人間. 土形主厚, 得其五厚, 動止敦龐, 處久而靜也. …其德能生萬物, 是爲眞土, 主載育有容, 定貧富也, … 厚櫃庫.

土가 안정되면 옮겨지지 않으니 信이 항상 넉넉하다. 土의 본성이 안정되어 信의 기강이 확립된다. 土는 단정하고 두터우며 심중하여 태산 같이 안정되어 있다. 마음속의 계획은 헤아리기 어려우며, 신의는 사람을 움직일 수 있다. 土形은 후함을 주관하니 五厚를 얻으면 … 행동이 두터워서 오랫동안 있어도 안정적이다. … 그 덕은 만물을 생성할 수 있고 사람에게 있어서는 信이 되며, 그 형체를 얻고 그 성질을 얻으면 眞土라 하는데 만물을 싣고 길러주며 용납함이 있는 것을 주장하여 빈부를 결정하고 … 많은 함궤가 창고에 쌓인다.

土形은 후덕하고 재복이 많은 부귀형이며, 眞土는 마치 큼직한 산이 하나 앉아 있는 것 같은 느낌을 준다. 몸집이 견고하고 두터우며 뼈와 살이 조화를 이루어 신실해 보인다. 머리와 얼굴, 이목구비가 크고 둥글둥글하며 두텁고 특히 코가 풍요롭고 왕성하게 발달해 있다. 성격은 신의가 두텁고 성실하며 후덕하다. 토형의 대표적인 인물은 최불암, 백일섭, 이만기, 이준희 등을 들 수 있다.

土形人

金 … 秉堅剛之體, 在人為義 … 部位要中正, 三停又帶方
… 金形主方, 得其五方 … 動止規模, 坐久而重也 … 得其
形并, 得其性 是為眞金, 主刑誅厄難 … 定壽夭也 似金得
金, 剛毅深.

金은 … 굳고 강한 몸을 가지고 있으며, 사람에게 있어서
는 義가 된다. 金形은 각 부위가 반드시 치우침이 없이 올
바르게 있어야 하고 … 모난 것을 주관하며, 五方을 얻으
면 … 행동거지에 규모가 있으며 오래 앉아 있어도 진중하
다. … 그 형체를 얻고 또 그 성질을 얻으면 眞金이라 하는
데 형벌과 주살, 액난을 주관하고 그것으로 장수·요절을
정한다. … 金과 비슷한데 眞金을 얻으면 강직하여 굴하지
않음이 깊다.

金形은 강직하고 맑은 무인형이며, 眞金은 강직한 결기를 가지고 있으며 결백하여 불의를 용납하지 않으므로 이름을 드높인다. 얼굴이 사각형으로 짜임새가 있고, 눈에 정기가 충만하며 이목구비와 치아 등이 단정하고 단단하며 조화롭고 수려하다. 키는 크지 않지만 단단한 근골질로 氣가 맑고 음성 역시 맑고 깨끗하여 윤택한 여운을 남기며 얼굴빛이 희다. 金형의 대표적인 인물은 박정희, 문제인, 임성훈 등을 들 수 있다.

金形人

水圓本是智之神, 水性周流無滯, 智之體似之. 水形主圓, 得其五圓 … 動止寬容, 行久而輕也. 得其形, 并得其性, 是為真水, 主聰明敏達, 定賢愚也, … 文學貴.

水는 둥글어 본래 智의 神이다. 수성은 두루 흘러 막힘이 없고 그러므로 智의 본체가 水와 비슷하다. 水형은 둥근

것을 주관하고 그 五圓을 얻으면 … 움직임과 멈춤이 너그
러우며, 오래 지낼지라도 경쾌하다. … 眞水를 얻으면 총명
하고 민첩하여 모든 일에 통달하고 현명함과 어리석음을
결정하며 … 문장과 학식이 있고 귀하게 된다.

水形은 지혜롭고 뛰어난 수재형이며, 眞水는 물의 윤택한 성질
과 원만함을 얻어 그 형체가 둥글면서 진중하다. 얼굴과 耳目口
鼻가 둥글고 배도 둥글고 엉덩이도 둥글며 손바닥도 둥글다. 뒤
에서 보면 엎드려 기어가는 것 같고 앞에서 보면 올라간 것 같
으며, 살이 많아 항아리처럼 둥글게 후중하지만 움직임이 가벼
워 보인다. 피부는 검은 듯 맑고 윤택하다. 水형의 대표적인 인
물은 이정현, 정형돈, 엄용수, 혜은이 등을 들 수 있다.

水形人

각각의 오형인에 대하여 詩로 표현한 내용이다.

* 詩曰: 稜稜形瘦骨, 凜凜更脩長, 秀氣生眉眼, 須知晚景光.
　　　　위엄이 있으며 체형은 마른 듯하며,
　　　　태도는 의젓하고 당당하며 키가 크다네.
　　　　눈과 눈썹에 수려한 기운이 있다면
　　　　반드시 말년까지 빛을 보리라.

* 詩曰: 欲識火形貌, 下闊上頭尖, 擧止全無定, 頤邊更少髥.
　　　　화형의 형모를 알려고 한다면,
　　　　아래는 넓고 위의 머리가 뾰족하며
　　　　정해짐이 없고, 턱 주변에 수염이 적다네.

* 詩曰: 端厚仍深重, 安詳若太山, 心謀難測度, 信義重人間.
　　　　단정하고 두툼하여 무게가 있어
　　　　우람한 모습이 마치 태산과 같아
　　　　심중의 계략을 측정하기 어렵고
　　　　신의가 두터운 사람이라네.

* 詩曰: 部位要中正, 三停又帶方, 金形人入格, 自是有名揚.
　　　　금형은 각각의 부위가 단정하고 반듯해야 하며,
　　　　삼정도 모난 듯해야 하며,
　　　　금형인의 격에 맞으면 이름을 날리네.

* 詩曰: 眉粗並眼大, 城郭要團圓, 此相名眞水, 平生福自然.
　　　　눈썹이 거칠고 눈이 크며, 얼굴의 성곽이 둥글둥글하면
　　　　이러한 상은 眞水형으로 평생 복이 자연히 따른다네.

3. 內剛柔

五行爲外剛柔, 內剛柔, 則喜怒·伏跳·深淺者是. 喜高怒重, 過目輒忘, 近 '粗', 伏亦不伉, 跳亦不揚, 近 '蠢', 初念甚淺, 轉念甚深, 近 '奸.' 內奸者, 功名可期. 粗蠢各半者, 勝人以壽. 純奸能豁達者, 其人終成. 純粗無周密者, 半途必棄. 觀人所忽, 十得八九矣.

內剛柔(내강유)

오행은 곧 외면의 강유이며, 내면의 강유는 곧 喜怒(희노)의 감정, 伏跳(복도)의 정서, 深淺(심천)의 心氣가 그것이다.

희노의 감정이 지나치게 높고 중하여 한번 훑어보고 문득 잊어버리면 '粗'(조)[58]에 가까우며, 엎드려 있어도 굳세지 않고 뛰어도 드날리지 않으며[59] '蠢'(준)[60]에 가까우며, 처음에 먹은 생각이 매우 얕으나, 고쳐먹은 생각이 매우 깊으면 '奸'(간)[61]에 가깝다.

---

58) 粗; 거칠고 상스러움.
59) 평정; 정서가 편안하고 조용할 때에는 감정이 일어나지 않음, 격동; 정서가 급격히 움직일 때에도 고조되지 않음.
60) 蠢; 느리고 어리석음.
61) 奸; 여기에서 奸의 의미는 생각이 깊음, 즉 심오한 계략을 의미한다.

내면이 奸(간)한 자는 공명을 기대할 수 있으며, 粗(조)와 蠢(준)이 각각 반반인 자는 장수로서 남을 이기며, 내외가 모두 奸(간)하여 마음이 넓고 작은 일에 구애되지 않을 수 있는 자는 마침내 성공하며, 오로지 거칠고 상스럽기만 하여 주도면밀함이 없는 자는 중도에 반드시 포기하니, 사람을 관찰할 때 소홀히 하는 바가 10에 8, 9가 된다.

해 설

內剛柔

內剛柔는 강유의 氣를 내면에 간직한다. 따라서 內剛柔는 사람의 정신세계라고 할 수 있다. 外剛柔를 오행의 형상으로 드러나는 剛柔라고 한다면, 內剛柔는 神을 바탕으로 안으로 쌓이게 되는 剛柔를 말한다. 즉, 사람의 정신세계가 어떻게 나타나는가를 살피는 것이라고 할 수 있다. 내면의 剛柔는 情感·情緒·心氣라고 할 수 있다.

정감이 지나치게 강하여 마음을 다스리지 못하는 것, 정서가 평정함을 유지하지 못하거나 흥분할 때에도 고조되지 않는 것, 마음속 심기가 剛柔를 겸하여 심오한 계략에 가까운 것이라고 볼 수 있다. 이를 粗·蠢·奸으로 구분하여 그 사람의 정감·정서·심기를 설명하고 있다.

內剛柔는 내면의 음양의 치우침과 음양이 조화됨에 따라 감추어져 파악하기가 쉽지 않을 뿐 아니라 사람에 따라 내면의 음양이 서로 각각 다르기 때문에 사람을 분별할 때 소홀히 해서는 안 된다.

第三章
容貌

1. 容貌

容以七尺爲期, 貌合兩儀而論. 胸腹手足, 實接五方; 耳目口
鼻, 全通四氣. 相顧相稱, 則福生; 如背如湊, 則林林總總,
不足論也.

容貌(용모)

容(용)[62]은 7척을 한도로 삼고, 貌(모)[63]는 兩儀(양의)[64]를 합
하여 논한다.
흉복과 수족은 실제로 오행의 방위에 접속되고, 이목구비는 모
두 四時(사시)의 氣(기)와 상통한다.
서로 돌아보고 서로 대칭을 이루면 복이 생기고, 서로 등진 것 같거
나 긴밀한 것 같으면 林林總總(임임총총)하여 논할 것이 못 된다.

---

62) 身體.
63) 面貌.
64) 天庭과 地閣, 兩眼.

해 설

1) 容貌

容貌는 얼굴의 모습·흉복·수족 등 외부로 드러나는 형상과 함께 내재적인 정신상태·마음의 상·행동거지·행좌와식·언어 등 내면의 상까지를 포함한다.

상학에서는 相을 관찰할 때 조화와 균형을 중요하게 생각하는데, 조화와 균형은 형상의 크고 작음으로 살피기도 하지만, 자연의 형상에 비유하여 살피기도 한다.

인체에서는 身相 三停을, 얼굴에서는 面相 三停[65]을 중심으로 구분하여, 이를 조화와 균형의 기준으로 삼는다. 『神相全編』에서는 身相 三停과 함께 胸(乳)·背·臍腹·腰·手·足에 대하여 다음과 같이 설명하고 있다.

● 身相 三停

* **身分三停, 頭爲上停, 人矮小而, 頭大長者, 有上梢無下梢, 身長**

---

65) 目鼻口齒에서 설명.

大而頭短小者, 一生貧賤.[66]

신체는 삼정으로 구분하는데, 머리는 상정이다. 체구가 왜소
하면서 머리만 장대하면 상초는 있으나 하초가 없으며, 체구
가 장대하지만 머리가 단소한 자는 일생 동안 빈천하다.

* **自肩至腰爲中停, 要相稱, 短而無壽, 長則貧. 腰軟而坐俱動者,**
無力而無壽.

어깨부터 허리까지가 중정으로 서로 조화를 이루어야 하며,
짧으면 장수하지 못하고, 길면 빈천하다. 허리가 약하고 앉았
을 때 움직이는 자는 힘이 없고 장수하지도 못한다.

* **自腰至足爲下停, 要與上停齊, 而不欲長, 長則多病.**

허리에서부터 발까지가 하정이다. 상정과 균등하게 배합되어
야 하고 길어서는 안 되며, 길면 병이 많다.

* **若上中下三停, 長大短小不齊者, 此人無壽, 一身三停, 相稱爲美.**

상정, 중정, 하정의 삼정이 장단 대소의 균형이 잡히지 않으면
수명이 짧다. 일신의 삼정이 균형이 잡히면 아름답다고 한다.

- 胸에 대하여「論胸乳」에서의 설명이다.

夫胸者, 百神之掖庭, 萬機之枕府, 宮庭平廣, 則神安而氣和,
府庫傾陷, 則智淺而量小, 故胸欲平而長, 闊而厚, 乃爲智高
福祿之人, 若夫突而短, 狹而薄者, 乃是神露貧薄之人也.[67]

---

66) 陳希夷, 『神相全編』卷2 「相神三停」古今圖書集成 本.
67) 陳希夷, 위의 책, 卷4 「論胸乳」.

가슴은 百神의 掖庭이며, 萬機의 枕府이다. 宮庭이 평평하게 넓으면 神이 안정되고 氣가 화하게 된다. 府庫[68]가 기울고 꺼지면 지혜가 엷고 도량이 작다. 그러므로 가슴은 평평하고 길어야 하고, 넓으면서 두터우면 곧 지혜가 높고 복록이 있는 사람이다. 만약 솟고도 짧거나 좁으면서도 엷으면 神이 드러난 것으로 가난하고 천한 사람이다.

詩曰: 胸爲血氣之宮庭, 平廣方而衣祿榮,
　　　若是偏斜幷凹凸, 定知勞碌過平生.[69]

가슴은 혈기의 궁전. 평평하고
넓고 방한 듯하면 의록과 영광을 얻네.
만약 기울거나 치우치고 아울러 요철이 심하다면,
반드시 평생 분주하고 고생할 相이네.

가슴은 모든 일을 갈무리해 두는 곳으로 정신의 집과 같아 궁정이라고도 한다. 궁정이 깊고 넓으면 곧 정신이 안정되어 기운이 화합할 수 있다. 가슴이 평평하면서 바르고 길며 넓은 사람은 복과 지혜가 한 몸에 이르는 것이다. 가슴이 두터우며 너그러운 사람은 모든 것을 담고도 남을 정도로 도량이 넓으며 또한 心肺가 왕성하여 건강한 사람이다. 반면, 가슴이 뾰족이 돌출되면서 짤막

---

68) "且天中者, 最中之位, 以象人主, 所以威制萬方, 故刑獄在傍, 兵衛在後, 公卿前列, 府庫左右."(天中은 가장 중앙의 위치이니 사람의 형상은 君主로써 萬方을 위력으로 제압하므로 刑獄이 그 곁에 있고, 兵士의 호위가 그 뒤에 있으며 公卿이 앞에 벌려 있고 府庫가 左右에 있는 것이다) 王朴 撰,『太淸神鑑』「面部一百二十位」四庫全書(文淵閣)·子部·術數類.

69) 陳希夷,『神相全編』卷4「相胸乳」古今圖書集成 本.

하고, 또 좁으면서 엷은 사람은 가난하고 천박하며, 가슴이 편벽되고 기울면서 또 짧은 사람은 빈천한 사람이라고 할 수 있다.

- 등[70]에 대하여 「論背」에서는 다음과 같이 말하고 있다.

夫背之爲質, 觀其厚薄也, 一身所恃之安危, 詳其豐陷也, 百歲可定之貧富. 背欲長不欲短, 欲厚不欲薄, 坑陷者, 貧賤之人, 平闊豐厚, 則安於一身矣.

등은 바탕이다. 등의 厚薄을 보아 일신에 지니고 있는 안위를 알며, 등의 풍륭하고 함몰됨을 상세하게 살피면 평생의 정해진 빈부를 알 수 있다. 등은 길어야 하고 짧으면 안되며, 두터워야 하고 얇으면 안 된다. 구덩이처럼 함몰되면 빈천한 사람이며, 평평하고 넓고 풍만하고 두터우면 일신이 안정된다.

詩曰: 背脊豐隆福自堅, 莫敎偏薄損長年,
　　　不知三甲如何說, 借問先生覓正傳.

등과 척추가 풍만하고 솟아오르면
복이 스스로 굳어지네.
기울고 얇지 마라. 수명이 손상된다.
三甲[71]이 어떻게 말하는지 알지 못하는가.

---

70) 陳希夷, 앞의 책, 「論背」, 「相背」.
71) 등은 뒷목덜미에서 등으로 살이 많아야 하며, 두 어깨(견갑골)와 함께 三甲의 모양을 이루는 것을 말한다.

묻노니 선생은 정전을 찾아보았는가.

詩曰: 背負三甲人皆貴, 背薄成坑禍不輕.

潤長厚者三公相, 短狹如駝賤又貧.[72]

등에 三甲을 지고 있는 사람은 모두 貴하고,

등이 얇고 움푹 파이면 재앙이 가볍지 않으며,

넓고 길고 두터우면 三公의 相이고,

짧고 좁아서 낙타와 같으면 천하고 가난하다.

등은 '가린다'는 뜻을 가지고 있으니 자손을 비호해서 덮는다는 의미라고 할 수 있으며, 어깨는 강하고 견고하다는 뜻이니 자기한 몸을 견고히 두텁게 한다는 의미이다. 등과 어깨는 산처럼 높아야 하고 풍부하고 두터우며 바르게 서 있으면 아름다운 것이다. 어깨와 등이 풍부하며 두텁고 또 융기하여 불룩하면 부유하고 귀한 사람이며, 어깨와 등이 얇고 움푹하면 가난하고 요절하는 것이다. 등 뒤 뼈대가 융성하게 일어나 그 모습이 거북이가 엎드려 있는 것과 같으면 복록을 누리며, 편벽되고 얇고 기울면 가난하고 등과 어깨의 뼈대가 보이면서 움푹하면 횡액이 많다. 이와 같이 등과 어깨의 두텁고 얇음, 풍융함과 함몰됨을 자세하게 살피고, 안정된 것과 위태한 것을 관찰하여 貧富·壽夭 등을 결정할 수 있다.

---

72) 宋齋邱 輯, 『玉管照神局』 四庫全書(文淵閣)·子部·術數類.

- 臍腹에 대하여 『神相全編』『玉管照神局』에서는 다음과 같이 말하고 있다.

腹者, 身之爐冶, 所以包腸胃而化萬物者也, 欲圓而長, 厚而堅, 勢欲垂而下, 皮欲厚而滑. … 許負曰: 腹小而下大富長者, 腹大垂下, 名遍天下, 腹如抱兒, 萬國名題, 腹如雀腹, 貧賤無屋.[73]

복부는 몸의 용광로이다. 배는 腸과 胃를 포괄하여 만물을 자라게 하는 것이다. 복부는 둥글고 길어야 하고 두텁고 단단해야 하며, 형상은 아래로 드리워져야 하고 피부는 두텁고 매끄러워야 한다. 許負는 "배가 작으면서도 아래로 처지면 크게 부유하고, 배가 크면서 아래로 처지면 천하에 이름을 날린다. 배가 만약 아이를 안은 듯하면 만국에 이름을 떨칠 것이며, 배가 만일 참새 배만 하다면 빈천하여 몸 둘 곳이 없다.

詩曰: 貌有殊形各有宜, 腹皮垂厚足豊衣,
　　　莫言一見知凶吉, 須用留心仔細推.

모습은 각기 다를 수 있지만 마땅한 바가 있으니,
뱃가죽이 두텁고 아래로 드리우면 의식이 풍족하네.
하나만 보고 길흉을 말하지 말라.
반드시 유의하여 자세히 살펴야 하네.

---

73) 陳希夷, 앞의 책, 「論腹」「相腹」.

腹懸向下, 富貴主壽. 腹墜而垂, 智合天機. … 皮厚者少疾而
富. 皮薄者多病而貧. 腹近上者賤而愚. 腹如抱兒, 四方聞知.
背有三甲, 腹有三壬, 有之者, 富而祿.74)

배가 매달려서 아래를 향하면 부귀와 수를 누리고 떨어지
듯 드리워지면 지혜가 天機에 부합하며, … 피부가 두터우
면 질병이 적고 부유하며, 피부가 얇으면 병이 많고 가난
하다. 배가 上部에 가까우면 천하고 어리석으며 배가 아이
를 안고 있는 것 같으면 사방에 이름이 알려진다. 등에 三
甲이 있고 배에 三壬75)이 있으면 부유하고 관록이 있다.

臍爲筋脈之舍, 六腑總領之關也. 深闊者, 智而有福, 淺窄者,
愚薄. 向上者, 福智, 向下者, 貧愚, 低者, 思慮遠, 高者, 無
識量, 大能容李, 名播人耳, 或凸而出, 淺而小, 非善相也.76)

배꼽은 근맥의 집이고, 육부를 총괄하여 거느리는 관문이
다. 깊고 넓으면 지혜롭고 복이 있지만 얇고 좁으면 어리
석고 얇다. 위로 향하면 복이 있고 지혜가 있지만 아래로
향하면 빈한하고 어리석다. 낮게 있으면 사려가 깊고, 높
으면 용량이 무한히 커서 명성이 사람들의 귀에 들린다.
튀어나오거나 옅고 작으면 좋은 상이 아니다.

---

74) 宋齋邱 輯, 『玉管照神局』 四庫全書(文淵閣)·子部·術數類.
75) 배에 三壬이 있다는 말은, 배의 모양이 三壬처럼 늘어진 것을 말한다.
　　 등은 三甲, 배는 三壬의 모양과 같아야 한다. 나이 들어서까지 三甲 三壬이 잘 이
　　 루어져 있으면 장수한다.
76) 陳希夷, 『神相全編』 「相臍」.

詩曰: 臍爲臟腑之外表, 只要深寬怕窄小,

居上則智居下愚, 此理凡人知者少.

배꼽은 오장육부의 외표이니

오직 깊고 넓되 작고 좁아서는 안 된다네.

올려 붙으면 지혜롭고 내려 붙으면 어리석으니

일반사람들은 이 도리를 알지 못하네.

배는 음의 기운을 상징하여 만물을 갈무리하고 있으므로 두텁고 견실하여 밑으로 드리워져 있어야 하며, 배꼽은 배안으로 오장을 감싸고 밖으로는 급소에 통하는 중요한 곳이니 배꼽은 넓고 깊어야 한다.

- **허리**[77])에 대하여 「論腰」에서는 다음과 같이 말하고 있다.

腰者, 爲腹之山, 如物依山, 以恃其安危也. 故欲端而直, 闊而厚者, 福祿之人也. 若偏而陷, 狹而薄者, 卑賤之徒也. 是以短薄者, 多成多敗. 廣長者, 祿保永終, 直而厚者, 富貴, 細而薄者, 貧賤. 凹而陷者, 窮下, 褭而曲者淫. 大抵腰欲端闊, 臀欲平圓, 則相稱也.

허리는 복부의 산으로 사물이 산에 의지하여 그 안위를 믿는 것과 같다. 그러므로 단정하고 곧고 넓고 두터우면 복과 덕이 있을 사람이다. 기울거나 쑥 들어가고 좁고 얇다면 비천한 무리이다. 그러므로 짧고 얇은 자는 성패가 다

---

77) 陳希夷, 앞의 책, 「論腰」, 「相腰」.

단하다. 넓고 길면 복과 녹이 영원하고, 곧고 두터우면 부
귀하며, 가늘고 엷으면 빈천하다. 움푹 파이거나 꺼지면
빈궁하고 하천하고, 올라붙고 굽어 있으면 음란하다. 허리
는 단정하고 넓어야 하며 둔부는 평평하고 둥글어야 한다.
그래야만 서로 조화를 이룬다.

腰背兩全, 富貴雙全, 毁辱不能及, 利害不能動, 此乃腰背好也.

허리와 등이 다 완전하면 부귀가 겸전하며 훼방과 욕됨이
미치지 않고, 이해관계도 움직일 수 없다. 이것이 허리와
등의 상이 훌륭한 것이다.

詩曰: 腰背負物似甲形, 行輕坐起直而平,
　　　有腰無背中年好, 有背無腰早歲成.

　　허리와 등에 짐을 진 듯 거북이 등이 되어야 하고,
　　걸음은 가볍고 앉으나 서나 곧고 평평해야 하리.
　　허리는 있고 등이 없으면 중년에 형통하지만,
　　등이 있고 허리가 없으면 초년에 성공하리.

허리의 형체가 두텁고 원만하면 복과 모든 혜택을 누릴 것이
만 허리의 모양이 어딘가에 의지해야만 할 것 같고 깎아낸 듯
파리하면 혈혈단신이 되어 빈궁하게 될 것이다. 걸어가고 앉을
때의 허리 모양이 반듯하고 편벽되지 않으면 정신이 몸과 서로
상응하여 복록이 계속되고 일이 잘 이루어지고 집안이 흥왕하
여 일어날 것이며, 오랜 壽를 누릴 것이다.

- **손78)**에 대하여 「相手」에서는 다음과 같이 말하고 있다.

夫手所以執持, 用以取舍. 纖長者, 性慈好施; 短厚者, 性鄙
好取. 身小手大者福祿, 身大手小者淸貧. 手薄削者貧, 手端
厚者富. 手粗硬者下賤, 手軟細者淸貴. … 指纖長者聰俊, 指
短突者愚賤. 指柔密者蓄積. 指硬疏者破敗. 指如春筍者淸貴.

손의 역할은 쥐거나 잡는 일이며, 그 성질은 갖거나 주는
것이다. 그러므로 손이 가늘고 긴 사람은 천성이 자애롭고
남에게 주기를 좋아하며 두텁고 짧은 사람은 천성이 비루
하여 남의 것을 갖는 것을 좋아한다. 몸이 작은데 손이 큰
사람은 복록이 있고, 몸이 큰데 손이 작은 사람은 청빈하
다. 손이 얇고 뾰족한 사람은 가난하고, 손이 마르고 두터
운 자는 부유하다. 손이 투박하고 굳은 자는 천하고, 손이
부드럽고 가는 사람은 깨끗하고 고귀하다. 손가락이 가늘
고 긴 사람은 총명하고 영준하며, 손가락이 짧고 굵은 사
람은 우둔하고 천하다.

大抵人手欲軟而長, 膊欲平而厚, 骨欲圓而低, 腕節欲小, 指
節欲細, 龍骨欲長, 虎骨欲短. 骨露而粗, 筋浮而散, 紋緊如
縷, 肉枯而削, 非美相也.

대체로 사람의 손은 부드럽고 길어야 하며, 팔은 평평하고
두터워야 하며, 뼈는 둥글고 손목은 낮아야 한다. 腕節(팔
의 관절)은 작고 손가락 마디는 가늘어야 하며, 龍骨은 길

---

78) 陳希夷, 앞의 책, 「相手」.

고 虎骨은 짧아야 한다. 뼈가 드러나 거칠고 힘줄이 뜨고 흩어져서 무늬가 실처럼 맺히고 살이 마르고 깎아 놓은 것 같으면 훌륭한 상이 아니다.

詩曰: 貴人十指軟纖纖, 不但淸閑福自添.
     若還損折非君子, 可斷凶愚不識嫌.[79]

귀인의 열 손가락은 부드럽고 섬세한데
한가로울 뿐만 아니라 복이 저절로 들어온다네.
만약 상하고 끊어지면 군자가 아니라.
가련하게도 불행하고 우둔하여 무식한 상이라네.

- 발[80]에 대하여 「相足」에서는 다음과 같이 말하고 있다.

足者, 上載一身, 下運百體, 爲足之量焉, 爲地之體象. 故雖至下而其用大, 是可別其姸醜, 而審其貴賤也. 欲得方而廣正, 而長膩而軟, 富貴之相也. … 足下軟細而多紋者, 貴相, 足下粗硬而無紋者, 貧賤.

발은 위로는 온몸을 싣고 아래로는 백체를 움직여 발의 그릇이 되며 땅의 체상이라 한다. 발은 비록 제일 밑에 있지만 그 용도는 커서 사람의 아름다움과 추함으로 사람의 귀천을 살필 수가 있다. 발은 方하여 넓고 바르고 길며, 윤기가 나고 부드러워야 부귀한 상이다. … 발바닥이 부드럽고

---

79) 陳希夷, 앞의 책, 「許負相手篇」.
80) 陳希夷, 위의 책, 「論足」 「相足」.

섬세하며 무늬가 많은 자는 귀한 상이며, 발바닥이 거칠고
굳으며 무늬가 없는 자는 가난하고 천하다.

足者相地也. 要有跟, 宜厚而正. 閑樂官榮橫, 窄小薄辛苦惡
弱. 足下無紋, 愚賤之相. 闊大而薄亦主貧下也.

발은 땅의 상이다. 발뒤축이 두텁고 바르게 있어야 한다.
그러면 한가하고 기쁘고 벼슬길에 흥성한다. 넓거나 좁고,
작고 얇으면 고생스럽고 불행하며 허약하다. 발바닥에 무
늬가 없으면 우둔하고 천한 상이다. 넓거나 크고 얇으면
역시 가난하고 천한 상이다.

손과 발은 부드러우면서 매끄러워야 하고, 손가락 마디는 노출
되지 않아야 한다. 색으로는 은빛의 구슬과 같고 부드럽기는 솜
털과 같아야 부귀할 사람이다. 손과 발이 완전하게 구비되어 있
으면 부자가 되고 귀하게 되며, 이러한 사람은 富함이 손과 발
에 있는 것이다.
수족이 뻣뻣하고 굳기가 돌과 같으며, 힘줄을 얽어둔 것처럼 뼈
대가 드러나 있거나, 딱딱하고 구부러져 땔나무 같거나, 근육이
부어 있는 것과 같으면 가난하고 천하다.

- 四肢에 대하여 「論四肢」에서는 다음과 같이 말하고 있다.

夫手足者, 謂之四肢, 以相四時, 加之以首, 謂之五體. 以相
五行. 故四時不調則萬物夭, 闕四肢不端則一身困. 苦五行不
利則萬物不生, 五體不稱則一世貧窮. 是以手足亦象木之枝幹

也, 多節者, 名爲不材之木, 然手足欲得, 軟而滑, 淨而筋不露, 其白如玉, 其直如幹.81)

손발을 四肢라고 하는데 이것으로 사계절을 보고 여기에 머리를 합하여 오체라 하여 이로써 오행의 상을 본다. 그러므로 사계절이 조절되지 않으면 만물이 적어지고, 사지가 바르지 않으면 일신이 고생을 한다. 만약 오행이 불리하면 만물이 자라나지 않고, 오체가 어울리지 않으면 일생 동안 빈궁하다. 손발 또한 나무의 줄기나 가지를 본받은 것이기 때문에 마디가 많은 것은 재목으로 될 수 없는 나무라 한다. 손발은 부드럽고 매끌매끌하며 깨끗하고 힘줄이 드러나지 않아야 하고, 옥처럼 희고 줄기처럼 곧은 것을 얻어야 한다.

四肢는 두 손과 두 발을 의미하지만, 사람의 팔과 다리는 춘하추동 사시절을 의미하기도 한다. 만약 사계절이 조화를 이루지 못하면 살아가기가 어렵듯이 사람의 사지가 바르지 못하면 몸이 피곤하고 고생스러운 나날들이다. 또한 손발은 나무의 가지와 줄기에 상응하기 때문에 마디가 많은 것은 훌륭한 재목으로 사용하기 어렵고 금과 주름이 너무 많으면 혼잡하고 어지러워 역시 사용할 수가 없다. 따라서 손발은 부드럽고 매끈하며 곧아야 한다.

---

81) 陳希夷, 앞의 책, 「論四肢」.

2. 容

容貴 '整', '整'非整齊之謂. 短不豕蹲, 長不茅立, 肥不熊餐, 瘦不鵲寒, 所謂 '整'也, 背宜圓, 腹宜突坦, 手宜溫軟, 曲若彎弓, 足宜豐滿, 下宜藏蛋, 所謂 '整'也. 五短多貴, 兩大不揚, 負重高官, 鼠行好利, 此爲定格.

他如手長其身, 身過於體, 配以佳骨, 定主封侯; 羅紋滿身, 胸有秀骨, 配以妙神, 不拜相卽鼎甲.

容(용)

容(용)은 整(정)[82]을 귀하게 여기니, 整(정)은 整齊(정제)를 말하는 것이 아니다. 짧아도 돼지처럼 웅크리지 않고, 길어도 띠풀처럼 서지 않으며, 살이 쪄도 곰처럼 먹지 않고, 여위어도 까치처럼 가냘프지 않은 것이 이른바 整(정)이며, 등은 마땅히 둥글고 두터워야 하고, 배는 불룩하고 평탄해야 하며, 손은 따뜻하고 부드러우며 손바닥은 굽어져 오목하기가 활을 당긴 것 같으며, 발은 살이 풍만하고 발바닥이 새알을 간직할 만하면 이른바 整(정)이다.

---

82) 균형을 이룬 것.

다섯 가지83)가 모두 짧아 균형을 이루면 귀함이 많으며, 양쪽 넓적다리가 너무 크면 이름을 드날리지 못하며, 무거운 짐을 등에 진 것처럼 힘 있게 걸으면 고관의 상이며, 쥐처럼 종종걸음으로 급박하게 걸으면 이득을 좋아하는 것이니 이러한 것은 정해진 격국이다.

그 밖에 만약 두 손이 그 상체보다 길고 상체가 하체를 초과하고 아름다운 골상으로 배합하면 반드시 공후에 봉해질 것이며; 비단무늬처럼 곱고 부드러운 피부가 몸에 가득하고 두툼하고 넓은 가슴에 빼어난 골상이 있어서, 신묘한 모습으로 배합하면 재상 벼슬에 임명되지 않으면 鼎甲(정갑)이 된다.

---

83) 頭, 面, 身, 手, 足.

해 설

1) 容

체격 및 골격, 형상의 상태에 따라 격을 구분하는데, 天地·天官·天心·天氣·天倫이 서로 상합된 相五合의 격을 가장 좋게 보고 있으며, 일반적으로 相五長·相五短·相五露·相五小·相六小貴·相六大의 六格으로 구분한다. 이에 대하여 『神相全編』에서는 다음과 같이 설명한다.

● 相五合

骨正直而有陰陽, 言正直而有剛柔, 是爲天地相合也. 視瞻穩而聲音清, 體貌重而行步輕, 是爲天官相合也. 氣溫粹而有光華, 色淨潔而無瑕疵, 是爲天心相合也. 識量多而權亦重, 度量大而面可訣, 是爲天機相合也. 敬上下而懷忠厚, 愛朋友而足信行, 是爲天倫相合也.[84]

골격이 바르고 陰陽이 있고, 말이 바르고 곧으면서 강하고

84) 陳希夷, 앞의 책, 卷5「相五合」.

부드러움을 겸하고 있다면 이는 天地가 상합된 것이다. 보는 것이 편안하고 소리가 맑으며, 형체가 중후하면서도 걸음걸이가 가벼우면 이는 天官이 상합된 것이다. 氣가 온화하면서도 순수하고 광택이 있으며 색이 맑고 깨끗하며 결점이 없다면 이는 天心이 상합된 것이다. 식견이 넓으면서 권능 또한 진중하며, 도량이 크면서도 얼굴에 결단성이 있다면 이는 天氣가 상합된 것이다. 아랫사람이나 윗사람을 공경하고 충후하며 친구를 아끼고 신의를 가지고 행할 수 있으면 이는 天倫이 상합된 것이다.

● 相五長

一頭長, 二面長, 三身長, 四手長, 五足長. 五者俱長, 而骨貌豊隆淸秀滋潤者, 善也.[85]

五長이란 첫째, 머리가 길고, 둘째, 얼굴이 길며, 셋째, 몸이 길고, 넷째, 팔이 길며, 다섯째, 다리가 긴 것을 말한다. 다섯 가지가 모두 길면서 골격과 모양새가 풍륭하고 청수하며 윤택하면 좋은 상이다.

又曰: 脚長手短人多賤, 賣盡田園走四方,
　　　手足俱長榮盛相, 莫教脚側手空長.

　　　다리가 길고 팔이 짧으면 대부분 빈천한 사람
　　　전답을 팔아먹고 사방으로 유람하네.

---

85) 陳希夷, 앞의 책, 「相五長」.

수족이 모두 다 길다면 영화를 누릴 상이네.
부디 다리가 짧고 팔만 길지 말아 주오.

● 相五短

五短之形, 一頭短, 二面短, 三身短, 四手短, 五足短, 五者俱
短, 而骨肉細滑, 印堂明闊, 五嶽朝揖者, 乃爲公卿之相也.[86]

五短之形은 첫째, 머리가 짧고, 둘째, 얼굴이 짧으며, 셋째,
몸이 짧고, 넷째, 손이 짧으며, 다섯째, 다리가 짧은 것이
다. 다섯 가지가 모두 짧으면서도 골육이 가늘고 매끄럽고
인당이 밝고 넓으며 오악이 서로 인사하듯 한다면 공경의
相이다.

詩曰: 五短之人形要小, 更須骨細印堂豊, 笏門五嶽相朝拱,
　　　食祿封侯有始終.

　　　다섯 가지가 짧은 사람은 형체가 작고
　　　반드시 골격이 가늘며 인당이 풍만해야 한다네.
　　　얼굴의 오악이 서로 조공을 바치듯 하면
　　　식록은 제후에 책봉이 되고 시작과 끝이 있네.

● 相五露

眼突, 鼻仰, 耳反, 脣掀, 結喉, 是也. … 訣曰: 一露二露, 有

---

86) 陳希夷, 앞의 책, 「相五短」.

衫無褲, 露不至五, 貧夭孤苦, 五露俱全, 福祿綿綿.87)

(오로)는 눈이 돌출되고 코가 위로 들려 있으며, 귀가 뒤집혀 있고 입술이 들려 있으며, 목에 결후가 강하게 많이 나온 것이다. …『訣』: (오로 중) 한두 가지가 노출되어 있는 사람은 입을 적삼은 있으나 밑에 입을 바지가 없는 것이며, 다섯 가지가 모두 노출되지 않으면 가난하고 요절하며 외롭고 고통이 있으며, 다섯 가지가 다 함께 완전하게 되었으면, 그 복록이 계속될 것이다.

詩曰: 五露俱全福自來, 二露三露反爲災,
　　　胸門臀高爲外露, 平生此相有何財.

　　　다섯 가지가 다 드러나면 복이 저절로 굴러들고,
　　　두셋이 드러나면 오히려 재앙이 된다.
　　　가슴이 튀어나오고 둔부가 높으면 外露인데,
　　　이러한 相이 평생 무슨 재물이 모이겠는가.

● 相五小

五小之形, 一頭小, 二眼小, 三腹小, 四耳小, 五口小, 五小者,
若端正無缺陷而俱小者, 乃合貴之相也. 其或三四小而一二大
者, 則不應而貧賤也. 若夫頭小而有角, 眼小而淸秀, 腹小而
圓垂, 耳小而輪廓成, 口小而脣齒正, 則反爲貴人矣.88)

---

87) 陳希夷, 앞의 책, 「相五露」.
88) 陳希夷, 위의 책, 「相五小」.

五小之形은 머리, 눈, 배, 귀, 입의 다섯 가지가 작은 것이다. 五小의 경우, 만약 단정하고 바르며 아무 결함 없이 모두 다 작은 것은 곧 貴한 相과 합해지며, 혹 서너 군데는 작은데 한두 가지가 크다면 상응하지 않게 되어 가난하고 천하게 될 것이다. 만약 머리가 작다고 하지만 두각이 있고, 눈이 작다고 하지만 눈이 맑고 수려하며, 배가 작다고 하지만 둥글게 밑으로 쳐져 있고, 귀가 작다고 하지만 윤곽이 이루어져 있으며, 입이 작다고 하지만 입술과 이가 반듯하게 이루어져 있으면 도리어 귀인이다.

또한 「相六小貴」에 대하여서는 다음과 같이 설명하고 있다.

額小且方平, 眼小要精粹, 鼻小梁柱平, 耳小朝太陰, 肚小垂下生, 口小紅更青, 腰小要圓成, 身小三停勻, 皆主富壽之相也.[89]

이마는 작아도 모나고 평평해야 하고, 눈은 작아도 정기가 돌아야 하며, 코는 작아도 양주가 평평해야 한다. 귀는 작아도 태음을 향해야 하고, 배는 작아도 아래로 드리워야 하며, 입은 작아도 붉으면서 생기가 있어야 한다. 허리는 작아도 둥글어야 하고, 몸은 작아도 三停이 균형이 잡혀야 한다. 이는 모두 부귀와 장수의 상이다.

---

89) 陳希夷, 앞의 책, 「相六小貴」.

● 相六大

頭面耳鼻口腹, 六者反常, 而不得其正也. … 蓋頭雖大角要
聳, 目雖大不正流光, 耳大輪廓要正, 鼻大梁柱要高, 口大聲
要淸, 肚腹大勢要下垂, 如此則是富貴之相也. 引 許負篇.[90]

六大란 머리, 얼굴, 귀, 코, 입, 배, 여섯 가지가 비정상적이
고 그 바름을 얻지 못한 것이다. 머리는 크면서도 각이 솟
아야 하고, 눈은 크면서도 부정한 빛이 흐르지 말아야 하
고, 귀는 크면서도 윤곽이 반듯해야 하며, 코는 크면서도
양주가 높아야 하며, 입은 크면서도 소리가 맑아야 하고,
배는 크면서도 아래로 처져야 한다. 이와 같다면 부귀한
상이다. 許負篇을 인용하였다.

이 외에도 相六惡·相六賤·相八大·相八小 등이 있다.

---

90) 陳希夷, 앞의 책, 「相六大」.

3. 貌

相貌家有 清·古·奇·秀之別, 總之不必, 須看科名星·陰隲
紋爲主. 科名星, 十三歲至三十九歲, 隨時而見; 陰隲紋, 十
九歲至四十六歲, 隨時而見. 二見全, 大物也; 得一亦貴. 科
名星見於印堂眉彩, 時隱時見, 或爲剛針, 或爲小丸, 嘗有光
氣, 酒後及發, 怒時易見. 陰隲紋見於眼角, 陰雨便見, 如三
叉樣, 假寐時最易見. 得科名星蚤發, 得陰隲紋遲發. 二者全
無, 前程莫問. 陰隲問見於喉間, 又主子貴; 雜路不在此格.

貌(모)

相貌家(상모가)에는 淸牙(청아)한 相, 古樸(고박)한 相, 奇偉(기
위)한 相, 俊秀(준수)한 상이 있는데, 이것을 총괄하여 볼 필요
는 없고, 반드시 科名星(과명성)과 陰隲紋(음즐문)[91]을 위주로
삼아야 한다.

과명성은 13세부터 39세까지 사이에 때때로 나타나며, 음즐문
은 19세에서 46세 사이에 때때로 나타난다. 이 두 가지가 나타

---

91) 陰隲은 하늘이 남 몰래 백성을 돕는다는 의미를 가졌다. 음즐문은 남에게 알려지
지 않게 하는 덕행, 즉 음덕을 보는 곳으로 음즐궁이라고도 한다. 눈 밑 두덩 1cm
정도 아래 보일 듯 말 듯 숨어 있다.

나서 온전하면 큰 그릇이 될 것이니, 그중 하나만 얻어도 귀하게 된다.

과명성은 印堂(인당)과 眉彩(미채) 사이에 나타나는 데, 때로는 숨고 때로는 나타나서 강한 침 같기도 하고 작은 알 같기도 하며 빛나는 氣(기)가 있으니, 술 취한 뒤와 노여움을 발했을 때 보기 쉽다.

음즐문은 안각 아래쪽에서 보이는데, 구름 끼고 비가 오면 세 갈래로 갈라진 모양같이 나타나므로 선잠을 잘 때에 가장 보기 쉽다. 과명성을 얻으면 일찍 발달하고 음즐문을 얻으면 늦게 발달한다.

두 가지가 전혀 없으면 장래를 물을 것이 없고, 음즐문이 결후 부위에 나타나면 또한 자식이 귀하게 됨을 주장하니, 다른 부위에는 이러한 격이 있지 않다.

해 설

1) 貌

형모를 살피는 법은 다양하다. 相을 보는 기준을 形의 象에 둔 것으로 五行形相法·物形法·글자형상법 등이 있으며,[92] 그 기준을 형모·기질·정신상태의 특징에 두고 분류한 것으로 觀人八相法·觀人十法·九成之術·相分七字法[93] 등이 있으며, 富·貴·壽·夭·貧賤·孤苦의 운명을 판단하는 데 기준을 두고 구분하는 六分法도 있으며, 인재의 상을 판단하는 할 때는 淸·古·奇·秀의 청수함을 중요하게 생각한다.

● 觀人八相法[94]

觀人八相法은 형상을 8相으로 분류하여 형상과 함께 정신을 논

---

[92] 五行形相法은 오행형으로 구분하여 관찰하는 방법으로 외강유에서 설명하였다; 物形法은 사람의 얼굴을 동물에 비유하여 판단하는 법을 말한다; 글자형상법은 얼굴형상을 관찰하는 방법 중의 하나로 十字 面相法이라고도 한다.

[93] 相分七字法은 형상을 淸·古·秀·怪·端·異·嫩의 7종류로 구분하여 관찰하는 방법으로, '奇形聖相'의 聖人과 貴人의 예를 들어 묘사하였다.

[94] 陳希夷, 『神相全編』卷4 「觀人八相法」古今圖書集成 本; 麻衣相士, 『麻衣相法』, 23~26쪽, 臺北: 武陵出版有限公司, 2009.

하였다.

一曰: 威. 尊嚴可畏, 謂之威. 主權勢也. 如豪鷹搏兔而百鳥自
驚, 如怒虎出林而百獸自戰. 蓋神色嚴肅而人所自畏也.

(1) 威: 존엄하여 두려워할 수 있는 것을 威라고 하며, 권세를 주관한다. 용감한 매가 토끼를 잡는 것을 보고 새가 놀라고, 성난 호랑이가 산림에 나오면 온갖 짐승들이 두려워 떠는 것처럼, 이런 사람은 神色이 엄숙하여 사람들이 절로 두려워한다.

二曰: 厚. 體貌敦重, 謂之厚, 主福祿也. 其量如滄海, 其器如
萬斛之舟, 引之不來, 而搖之不動也.

(2) 厚: 體貌가 두텁고 무게가 있는 것을 厚라고 하며, 복록을 주관한다. 그 도량이 바다 같고 그 기량이 만곡을 실은 배와 같아 작은 일에 추호의 흔들림도 없다.

三曰: 淸. 淸者, 精神翹秀, 謂之淸, 如桂林一枝, 崑山片玉,
灑然高秀, 而塵不染, 或淸而不厚, 則近乎薄也.

(3) 淸: 淸이란 정신이 빼어나고 맑은 것이다. 계수나무 가지처럼 곤륜산의 玉처럼 맑고 때가 묻지 않은 것이다. 그러나 맑기만 하고 厚한 것이 없으면 박복하다.

四曰: 古. 古者, 骨氣岩稜, 謂之古, 古而不淸, 則近乎俗也.

(4) 古: 뼈의 기세가 마치 바위나 구릉 같은 것을 古라고 한다. 古하면서 성정이 맑지 않으면 속되다.

五曰: 孤. 孤者, 形骨孤寒, 而項長肩縮, 脚斜腦偏, 其坐如搖, 其行如攫, 又如水邊獨鶴, 雨中鷺鷥, 生成孤獨也.

(5) 孤: 孤란 형상과 골격의 자태가 쓸쓸해 보이며 목이 길고 어깨가 좁으며 다리는 휘어져 몸이 어느 한편으로 비틀린 듯하다. 앉은 모습은 흔들리는 듯하며, 걷는 모습은 휘청거려 물가에 홀로 선 두루미나 빗속의 해오라기같이 고독해 보인다.

六曰: 薄. 薄者, 體貌劣弱, 形輕氣怯, 色昏而暗. 神露不藏. 如一葉之舟而泛重波之上, 見之皆知其微薄也, 主貧下賤. 縱有食必夭.[95]

(6) 薄: 博이란 얼굴과 체격이 작고 허약하여 형상이 경박하고 겁먹은 듯하며 얼굴색이 혼암하다. 神이 노출되어 함장 되지 못하며, 마치 거센 파도가 몰아치는 바다 위의 조각배와도 같아서 그를 본 사람은 그 미박함을 안다. 가난하고 하천함을 주관하며 비록 의식이 있다 하더라도 요절한다.

---

95) 『神相全編』과 『麻衣相法』에는 '主貧下賤. 縱有食必夭.'로 되어 있으며 『人倫識鑑』에는 主貧下. 縱有食必夭折也.로 기록되어 있다.

七曰: 惡. 惡者, 體貌凶頑如蛇鼠之形. 豺狼之狀, 或性暴神
驚, 骨傷節破. 皆主其凶暴, 不足爲美也.

(7) 惡: 惡이란 體貌가 뱀이나 쥐의 형상같이 사납고 사악하다. 승냥이 형상으로 성질이 포악하고 神이 놀라 골절이 상하고 파손된다. 모두 흉폭함을 주관하며 결코 아름다울 수가 없다.

八曰: 俗. 俗者, 形貌昏濁如塵中之物, 而淺俗. 總有衣食, 亦多迍也.

(8) 俗: 俗이란 형상이 혼탁하여 마치 먼지 속에 놓인 물건과 같이 천박하고 속된 것이다. 모두 의식에 곤란을 겪는다.

● 九成之術[96]

九成之術은 淸, 形神, 形智, 形德을 합하여 논하고 있다.

凡人受氣懷胎, 皆禀五行, 隻曰男, 雙曰女. … 今以精神·氣色·才智·骨法次第考核, 設九成之術以觀之. 一曰精神, 二魂魄, 三形貌, 四氣色, 五動止, 六行藏. 七瞻視, 八才智, 九德行. 凡精彩分明為一成, 魂神慷慨為二成, 形貌停穩為三成, 氣色明淨為四成, 動止安詳為五成, 行藏合義為六成, 瞻視澄正為七成, 才智應速為八成, 德行可法為九成.

---

96) 九成之術은 『月波洞中記』 「靈嶽」 條편에 기록되어 있다.

사람은 부모의 精氣를 받아 잉태하게 되는데 모두 오행의
氣를 받은 것이니, 홀수는 男이고 쌍수는 女이며, … 精神·
氣色·才智·骨法을 차례대로 살피고 조사하되 九成의 術
을 설립하여 관찰하겠다. 첫째는 精神, 둘째는 魂魄, 셋째
는 形貌, 넷째는 氣色, 다섯째는 動止, 여섯째는 行藏, 일곱
째는 瞻視, 여덟째는 才智, 아홉째는 德行이다. 精彩가 분
명한 것이 一成이고, 魂神이 강개한 것이 二成이고, 形貌
가 안온한 것이 三成이며, 氣色이 밝고 깨끗한 것이 四成
이며, 행동거지가 편안하고 차분한 것이 五成이며, 行藏이
의리에 부합하는 것이 六成이며, 바라보는 눈빛이 맑고 단
정한 것이 七成이며, 才智로 신속하게 응대하는 것이 八成
이며, 德行이 있어 본받을 만한 것이 九成이다.

● **觀人十法**[97]

사람을 관찰하는 10가지 법으로 사람의 정신, 형상, 음성, 마음,
형국 등에 대하여 논하였다.

一. **取威儀**   위의를 취한다.

二. **看敦重及精神**   돈후함과 정신을 본다.

三. **取淸濁**   淸濁을 본다.

---

97) 陳希夷, 『神相全編』 卷首 「十觀」 古今圖書集成 本.

四. 看頭圓 頂額高

머리가 둥글고 정수리와 이마가 높은가를 본다.

五. 看五岳及三停　　　　五岳과 三停을 본다.

이마(남악)는 반듯하고 바르며 낮거나 꺼져서는 안 된다. 코
(중악)는 풍륭하게 솟아 곧아야 한다. 좌우 관골(동·서악)은
거칠게 드러나거나 기울고 꺼져서는 안 된다. 턱(북악)은 方
圓하여야 한다.

三停은 상정(발제~눈썹), 중정(눈썹~코), 하정(인중~턱)
으로 균형과 조화를 이루어야 한다.

六. 取五官六府　　　　　五官과 六府를 취한다.

오관은, 귀는 채청관이며 눈은 감찰관, 눈썹은 보수관, 코는
심변관, 입은 출납관이다. 육부는 天倉이부·顴骨이부·腮骨
이부로 이지러짐 없이 충만해야 한다.

七. 取腰員背厚, 胸坦腹墜, 三甲三壬.

허리는 둥글고 등은 두터우며

가슴은 평탄하고 복부는 드리워져 三甲·三壬을 취한다.

八. 取手足. 宜細嫩隆厚.

수족을 취한다. 수족은 섬세하고 부드러우며 두터워야만 한다.

九. **取聲音與心田** 音聲과 心田을 취한다.

要知心裡事, 但看眼神清, 眼乃心之門戶, 觀其眼之善惡, 必
知心事之好歹, 其心正則眸子瞭焉, 心不正則眸子眊焉 … 未
觀相貌, 先看心田, 有相無心, 相從心滅. 有心無相, 相從心生.

마음속의 일을 알려면 眼神이 맑은가를 살펴야 한다. 눈은
마음의 창으로 눈의 선악을 관하면 반드시 그 심사의 좋고
나쁨을 알 수 있다. 그 마음이 바르면 눈동자가 맑고, 그
마음이 바르지 않으면 눈동자가 흐리다. … 相貌를 보기
전에 먼저 心田부터 살펴야 한다. 相은 있으나 마음이 없
으면 相도 마음 따라 사라지고, 마음이 있고 相이 없다면
마음 따라 상이 생긴다.

聲音宜響喨, 出自丹田, … 聲響如雷灌耳, … 俱要深遠

소리는 맑으면서 울려야 하며 丹田으로부터 나와야 하며 …
소리의 울림이 우레가 귓전에 울리는 것 같아야 하며, …
깊고 멀리까지 들려야 한다.

十. **觀形局與五行**　　　　形局과 五行을 관해야 한다.

● **清·古·奇·秀**

인재의 상에서는 清·古·奇·秀의 청수함과 神을 중요하게 생각
한다.
일반에서 보는 상들은 인간의 미래에 대한 길흉화복을 위주로

하였지만, 인재의 상은 神을 주요하게 생각하여 사람의 덕과 성품, 재능 그리고 지위까지 살폈으며 淸·古·奇·秀로 구별을 하였다.

骨格灑落松上鶴(淸), 頭角挺特眞麒麟(古), 森森修竹鎖流水(秀), 峩峩恠石收閒雲(怪).[98]

골격이 시원하고 깨끗하여 소나무 위의 학과 같은 상을 淸이라 하고, 頭角이 바르고 특이하여 진정한 기린의 모습과 같은 상을 古라 하며, 무성하고 길게 자란 대나무가 흐르는 물에 자물쇠를 채운 것 같은 상을 秀라 하고, 엄숙하고 위엄이 있는 괴이한 돌이 한가로운 구름을 거두고 있는 것 같은 상을 怪라 한다.

得淸如寒冰, 奇如美玉, 古如蒼巖之老松, 怪如泰山之盤石, 雜之千萬人中, 見而異之者, 乃淸奇古之貴相. 凡有此相, 必須操修過人, 功業隆重, 聲聞天下也.

맑기가 차가운 얼음과 같고, 기이하기가 아름다운 玉과 같고, 예스럽기가 푸른 바위의 老松과 같으며, 괴상하기가 태산의 반석과 같은 形을 얻어서 千萬人 中에 섞여 있더라도 그를 보고 특이하게 여기는 경우에는 곧 淸奇古怪의 貴한 相이다. 이러한 相을 지니면 반드시 지조와 수양이 남보다 뛰어나고 공과 업적이 매우 많아서 명성이 천하에 알려진다.

---

98) 王朴 撰, 『太淸神鑑』 「說歌」 四庫全書(文淵閣)·子部·術數類.

형상이 맑고 기이하다고 모두 淸·古·奇·秀의 상이 되는 것은 아니다. 淸·古·奇·秀의 상이라 하더라도 반드시 神과 氣가 배합되어야 한다. 그렇지 않으면 특히 인재의 상이라고 보기 어려우면 속인의 상에 불과하다.

形以淸奇古怪者, 須得神與氣合, 若神氣不爽則孤露(古), 塵俗(怪)·寒薄·輕沈, 非貴相也.[99]

형상이 맑고 기이하고 예스럽고 괴상한 경우에는 반드시 神과 氣가 배합되어야 하니 만약 神과 氣가 밝지 않으면 고독하고 돌보아주는 이가 없으며 세속에 시달리며 쓸쓸하고 가난하며 쉽게 침체되므로 貴相이 아니다.

淸·古·奇·秀 相 중에서 고금성현들의 특이한 상에 대하여 다음과 같은 기록이 있다.[100]

淸: 漢高祖隆準龍顔, 寬仁愛人 李珏日角珠庭. 唐太宗天日之表, 龍鳳之姿. 曾子珠衡犀角.

漢高祖는 준두가 융성하고 얼굴이 용을 닮았는데 너그럽고 인자하여 사람을 사랑했으며, 李珏은 일각과 수주, 천정이 넓었으며, 唐太宗은 天日之表와 龍鳳之姿가 있었으며, 曾子는 珠衡과 犀角[101]의 相을 지녔다.

---

99) 王朴 撰, 앞의 책, 「金書寶印」.
100) 宋齋邱 輯, 『玉管照神局』 「古今賢聖」 四庫全書(文淵閣)·子部·術數類.
101) 珠衡; 눈두덩이 구슬을 늘어놓은 것과 같은 聖賢의 相, 犀角; 이마의 윗부분이 튀어나온 貴人의 상.

古: 老子身如槁木. 傅說身如植鰭. 周公身如斷菑. 孔子面若蒙倛(方相). 伊尹面無鬚麋. 閎夭面無見膚.

老子는 몸이 마른 나무와 같았으며, 傅說(漢의 高宗)은 植鰭[102]와 같았으며, 孔子는 얼굴이 탈을 쓴 것 같았으며, 伊尹은 얼굴에 수염과 눈썹이 없었으며, 閎夭는 얼굴에 피부가 모이는 것이 없었다.

秀: 張良美如婦人. 李雄目如重雲, 鼻如龜龍, 口方如器, 耳如相望. 陳平潔如冠玉.

張良은 얼굴의 아름답기가 부인과 같았으며, 李雄은 눈이 겹쳐진 구름과 같고 코는 거북과 같고 용과 같으며 입은 반듯하기가 그릇과 같고 두 귀는 서로 바라보는 것 같았으며, 陳平은 얼굴이 깨끗하여 관옥과 같았다.

異: 堯眉八彩. 禹耳參漏. 項羽重瞳. 李嶠龜息. 舜目重瞳. 文王四乳. 蒼頡四目. 王敦豹聲.

堯임금의 눈썹은 八彩가 있었고, 禹왕의 귀는 參漏가 있었으며, 項羽는 重瞳이었고, 李嶠는 龜息을 했으며, 순임금의 눈은 重瞳이었고, 文王은 네 젖을 지녔으며, 蒼頡은 네 눈을 지녔고, 漢王 敦은 표범의 소리를 가졌다.

---

102) 植鰭는 여위어 등이 활처럼 구부러진 형상.

4. 目·鼻·口·齒

目者面之淵, 不深則不淸, 鼻者面之山, 不高則不靈. 口闊而方祿千鐘, 齒多而圓不家食. 眼角入鬢, 必掌刑名. 項見於面,[103] 終身錢穀, 此貴徵也. 舌脫無官, 橘面不顯. 文人不傷左眼, 鷹準動便食人, 此賤徵也.

目·鼻·口·齒(목비구치)

눈은 얼굴의 못이니 깊지 않으면 맑지 않고, 코는 얼굴의 산이니 높지 않으면 신령스럽지 않다. 입이 넓고 네모 반듯 하면 봉록이 千鐘(천종)이며, 치아가 많고 원만하면 집에서 밥을 먹지 않는다. 眼角(안각)이 귀밑머리에 들어가면 반드시 사법권을 관장한다.

정수리가 얼굴에 드러나면 돈과 곡식 속에서 몸을 마치게 되니, 이것은 貴(귀)의 表徵(표징)이다. 혀가 느리면 관운이 없으며 얼굴 피부가 귤껍질 같으면 현달하지 못하다.

文人은 왼쪽 눈을 손상하지 말아야 하며, 매부리코는 걸핏하면 사람을 해치니 이것은 賤(천)의 表徵(표징)이다.

---

103) 項見於面은 현재는 頂見於面으로 쓰이고 있다. 曾國藩, 歐陽相如 解譯, 『氷鑑』 「容貌」.

해 설

1) 目 鼻 口 齒

面相의 주요 부위는 일반적으로 ① 육부·삼재·삼정, ② 오성·육 요, ③ 오악·사독, ④ 오관, ⑤ 12궁, ⑥ 학당, ⑦ 13부위도 등 으로 구분할 수 있다. 『麻衣相法』과 『神相全編』에 근거하여 설 명한다.

(1) 六府·三才·三停[104]

* 六府者, 兩輔骨·兩顴骨·兩頤骨, 欲其充實相輔, 不欲支 離低露. 靈臺秘訣云: 上二府自輔角至天倉, 中二府自命門 至虎耳, 下二府自頤骨至地閣, 六府充直, 無缺陷瘢痕者, 主 財旺.

六府란 양 보골·양 관골·양 이골로 충실하고 서로 보완하 는 듯해야 하며 떨어져서 약하거나 드러나서는 안 된다. 『 靈臺秘訣』에서 말했다. 上二府는 輔角에서 天倉까지, 中二

---

104) 麻衣相士, 『麻衣相法』, 42쪽.

府는 命門에서 虎耳까지, 下二府는 頤骨에서 地閣에 이르는 부위이다. 六府는 충만하여 이지러지거나 함몰되거나 흠집이 없으면 재물이 왕성함을 주관한다.

* 三才者, 額爲天, 欲闊而圓, 名曰 有天者貴. 鼻爲人, 欲正而齊, 名曰 有人者壽. 頦爲地, 欲方而闊, 名曰 有地者富.

三才란, 이마는 하늘이니 높고 넓으며 둥글어야 하며 天은 貴라 하고, 코는 사람이니 바르고 가지런해야 하며 人은 壽라 하고, 턱은 땅이니 모진 듯 넓어야 하며 地는 富라 한다.

* 三停者 髮際至印堂爲上停(主初), 自山根至準頭爲中停(主中), 自人中至地閣爲下停(主末). 訣曰: 上停長, 少吉昌; 中停長, 近君王; 下停長, 老吉祥. 三停平等, 富貴榮顯, 三停不均, 孤夭賤貧.105)

三停이란 髮際에서 印堂까지를 上停이라 하며(초년을 주관), 山根에서 準頭까지를 中停이라 하며(중년 주관), 人中에서 地閣까지를 下停이라 한다.(말년을 주관) 訣에서 말하기를 上停이 길면 소년운이 길하고, 中停이 길면 군왕에 가깝고, 下停이 길면 노년운이 좋고 상서로우니 三停이 평등하면 부귀 현달하고 三停이 균등하지 못하면 고독하고 단명하고 빈천하다고 하였다.

---

105) 麻衣相士, 『麻衣相法』에서는 上停長, 少吉昌이 老吉昌으로, 下停長, 少吉祥으로 되어 있으며, 明文堂 本에는 上停長, 少吉昌; 下停長, 老吉祥으로 되어 있다. 이 책에서는 麻衣相士, 『麻衣相法』은 원문을 사용하고 있지만, 이 부분은 원문이 잘못된 것으로 보인다. 따라서 명문당 본을 사용하기로 한다. 麻衣相士, 『麻衣相法』, 臺北: 武陵出版有限公司, 2009; 金赫濟 校閱, 『麻衣相法』, 명문당.

詩曰: 面上三停仔細看, 額高須得耳門寬, 學堂三部奚堪足,
空有文章恐不官

얼굴의 삼정을 자세히 살펴라.
이마는 높아야 하고 耳門은 넓어야 하니,
학당 삼부만으로 어찌 족함을 감당하겠는가?
문장을 갖추었더라도 헛될 뿐이어서
관직에 나가지 못할까 두렵다.

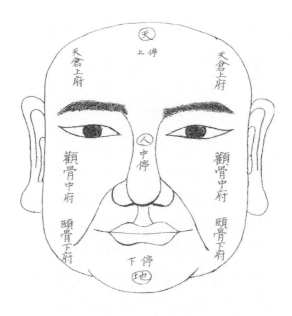

三停三才六府之圖

(2) 五星·六曜[106]

五星은, 火星이 이마, 土星이 코, 水星이 입, 木星이 오른쪽 귀, 金星이 왼쪽 귀에 해당한다. 六曜는, 羅睺가 왼쪽 눈썹, 計都가 오른쪽 눈썹, 太陽이 왼쪽 눈, 太陰이 오른쪽 눈, 紫氣가 인당, 月孛가 산근이다.

> * 火星須得方 方者有金章(額), 土星須要厚 厚者有長壽(鼻), 水星須得紅 紅者必三公(口), 木星須要朝 五福並相饒(右耳), 金星須得白 官位終須獲(左耳).

火星은 반드시 方함을 얻어야 하니 方者는 金章의 벼슬을 하며(이마), 土星은 반드시 두터움을 원하니 厚者는 장수한다.(코), 水星은 반드시 붉은 빛을 얻어야 하니 紅者는 三公의 지위에 오른다.(입) 木星은 반드시 조응함을 원하니 오복과 아울러 서로 풍요하고(오른쪽 귀), 金星은 반드시 깨끗함을 얻어야 하니 관직이 마침내 높게 오르게 된다.(왼쪽 귀)

---

106) 麻衣相士, 『麻衣相法』, 38쪽.

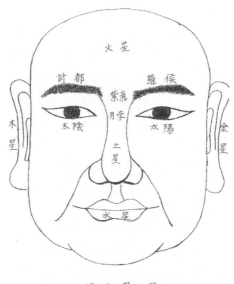

五星 六曜 之圖

* 羅睺須得長　長者食天倉(左眉), 計都須得齊, 齊者有妻兒
(右眉), 月孛須得直　直者有衣食(山根), 紫氣須得圓　圓者有
高官(印堂), 太陰須得黑　黑者有官職(右眼), 太陽須得光　光
者福祿强(左眼).

羅睺는 반드시 긴 것을 얻어야 하니 長者는 天倉에 닿아야
하며(왼쪽 눈썹), 計都는 가지런함을 얻어야 하니 齊者는
훌륭한 처자식이 있으며(오른쪽 눈썹), 月孛는 곧음을 얻
어야 하니 直者는 의식이 풍족하다(山根). 紫氣는 반드시
둥글어야 하니 圓者는 높은 관직을 가지며(印堂), 太陰은
반드시 검어야 하니 黑者는 관직을 얻고(오른쪽 눈), 太陽

은 빛나야 하고 光者는 복록이 강해진다.(왼쪽 눈)

(3) 五岳·四瀆[107]

상학에서 천인 상응관계, 천지인의 관계는 자연의 균형과 조화를 의미한다. 상학에서 균형과 조화는 형상의 크고 작음으로 살피기도 하지만, 자연의 형상에 비유하여 살피기도 한다.

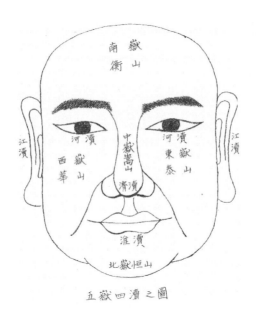

五嶽四瀆之圖

---

107) 麻衣相士, 앞의 책, 37쪽.

● 五岳

* 額爲衡山南岳, 頦爲恒山北岳, 鼻爲崇山中岳, 左顴爲泰山東岳, 右顴爲華山西岳.

이마는 衡山으로 南岳이고, 턱은 恒山으로 北岳이며, 코는 恒山으로 中岳이고, 좌 관골은 泰山으로 東岳이며, 우관골은 華山으로 西岳이다.

* 中嶽要得高隆, 東嶽須聳而朝應, 不隆不峻, 則無勢爲小人, 亦無高壽, 中嶽薄而無勢, 則四嶽無主.

中岳은 높이 솟아야 하고, 동악은 반드시 솟아서 朝應해야 하니, 풍륭하지 않고, 높지 않으면 세력이 없는 소인이고 또한 오래 살지 못하며, 中岳이 얇고 세력이 없으면 四岳은 주인이 없다.

* 南嶽傾倒則主見破, 不宜長家.

남악이 비스듬하게 기울어져 있으면 주로 파괴를 나타내어 長家에 마땅치 않다.

* 北嶽尖陷, 末主無成, 終亦不貴, 東西傾側無勢, 則心惡毒無慈愛. 五嶽須要相朝.

북악이 뾰족하거나 함몰되면 말년에 성취함이 없으며 끝내 貴하지 못하고, 동·서악이 기울어서 세력이 없으면 마음이 악독하고 자애심이 없다. 오악은 반드시 서로 조응해야 한다.

● 四瀆

四瀆은 귀는 江瀆, 눈은 河瀆, 입은 淮瀆, 코는 濟瀆이다.

四瀆要深遠成就, 四瀆要深遠成就, … 耳爲江瀆, 竅要闊而深, 有重城之副, 緊而聰明, … 目爲河瀆, 深爲壽, … 口爲淮瀆, 要方闊而唇吻相覆載, … 鼻爲濟瀆, 要豊隆光圓, 不破不露, 則家必富.

사독은 물의 근원이 깊고 멀리 흘러야 하며, … 귀는 江瀆으로 구멍이 넓고 깊어야 하며, 귀의 윤곽이 두터움을 도와주어 단단해야 총명하며, … 눈은 河瀆으로 눈이 깊어야 장수하고, 가늘고 길면 귀하며 눈이 빛나면 총명하다. … 입은 淮瀆으로 모진 듯 넓으며 위아래 입술이 잘 덮고 실어줘야 한다. … 코는 濟瀆으로 풍륭하고, 빛이 나고 둥글어야 하며, 깨지지 않고 노출되지도 않아야 집안이 부유하게 된다.

(4) 五官[108]

五官은 귀가 採聽官, 눈썹이 保壽官, 눈이 監察官, 코가 審辨官, 입이 出納官이다.

---

108) 麻衣相士, 앞의 책, 36쪽.

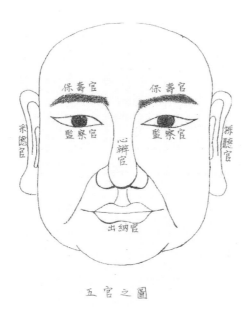

五官之圖

* 耳須要色鮮, 高聳過於眉, 輪廓完成, 貼肉敦厚, 命門寬大
者, 謂之採聽官成.

귀는 반드시 색이 선명해야 하고, 높이 솟아 눈썹을 지나
며, 윤곽이 완전하게 이루어지고, 귓불이 두툼하고 명문이
넓고 크면 채청관이 이루어졌다고 한다.

* 眉須要寬廣, 淸長雙分入鬢, 或如懸犀新月之樣, 首尾豐盈,
高居額中, 乃爲保壽官成.

눈썹은 반드시 너그럽고 넓어야 하며, 맑게 길어서 두 눈
썹 끝이 빈발에 닿을 듯하고, 또는 무소뿔 모양의 눈썹이

나 초승달과 같은 모양이어야 한다. 눈썹머리와 꼬리 부분이 풍부하고 가득하며 이마 높이 있으면 보수관이 이루어졌다고 한다.

* 眼須要含藏不露, 黑白分明, 瞳子端正, 光彩射人, 或細長極寸, 乃爲監察官成.

눈은 반드시 눈동자가 감추어져 드러나지 않고 흑백이 분명해야 하며, 눈동자가 단정하고 광채가 사람을 쏘아보는 듯하고 가늘고 길어서 一寸에 이르면 감찰관이 이루어졌다고 한다.

* 鼻須要樑柱端正, 印堂平闊, 山根連印 年壽高隆, 準圓庫起, 形如懸膽, 齊如截筒, 色鮮黃明, 乃爲審辨官成.

코는 반드시 콧대가 단정해야 하고, 인당이 평평하고 넓으며, 山根이 印堂과 이어지고, 연수가 높고 융성하며, 준두가 둥글고 곳간이 일어나야 한다. 과결되어 높이 우뚝 솟아 기세가 있으며, 준두가 둥글고 콧방울이 도두룩 일어나야 한다. 코의 형상이 쓸개를 달아 놓은 것 같거나 가지런하기가 대나무를 쪼개 놓은듯하며 색이 선명하고 밝은 황색을 띠었다면 심변관이 이루어졌다고 한다.

* 口須方大. 脣紅端厚. 角弓開大合小. 乃爲出納官成.

입은 반드시 모난 듯 크며, 입술은 붉고 단정하고 두툼하며, 입의 끝이 활 모양과 같고 입을 벌리면 크고 다물면 작아야 한다. 이것을 출납관이 이루어졌다고 한다.

* 大統賦云: '一官成十年之貴顯; 一府就十載之富豊. 但於五官之中, 倘得一官成者, 可享十年之貴也. 如得五官俱成, 其貴老終.

『大總賦』에서 말했다. '一官이 이루어지면 10년 동안 귀하고 현달하며; 一府가 잘생겼으면 역시 10년 동안 풍요로운 富를 누리게 된다. 다만 五官 가운데 一官만 잘생겨도 10년 동안 貴함을 누릴 수 있다. 만약 五官이 모두 잘생겼다면 그 귀함이 늙어 죽을 때까지 간다.'

(5) 十二宮[109]

十二宮은 얼굴에서 운명을 읽는 12 부위로 命宮·財帛宮·兄弟宮·田宅宮·男女宮·奴僕宮·妻妾宮·疾厄宮·遷移宮·官祿宮·福德宮·父母宮이다. 이를 통해 운명의 척도 및 수명과 건강을 비롯하여, 부모·형제·부부 등의 육친 관계에서 친구·주변사람들의 인덕·재물·명예·학문에 이르기까지, 인생의 전반적인 면을 살펴볼 수 있다.

---

109) 麻衣相士, 앞의 책, 30~35쪽.

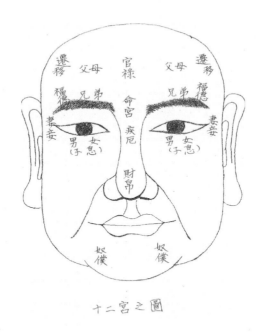

十二宮之圖

① 命宮

命宮者, 居兩眉間山根之上, 光明如鏡, 學問皆通, 山根平滿,
乃主福壽. 土星聳直, 扶拱財星, 眼若分明, 財帛豐盈, 額如
川者, 命逢驛馬.

命宮은 두 눈썹 사이에 山根 위에 있다. 거울같이 맑고 빛
나면 학문에 통달하며, 산근이 평평하고 가득차면 福과 壽
를 주관한다. 土星이 바르게 솟으면 재물이 늘어나고, 눈
의 흑백이 분명하면 재백이 풍부하며, 이마에 川과 같은
세 개의 골기가 서면 운이 驛馬를 만난 것이다.

詩曰: 眉眼中央是命宮, 光明瑩淨學須通, 若還紋理多迍滯,
破盡家財及祖宗.

눈썹과 눈의 중앙이 명궁으로
밝은 빛이 맑고 깨끗하면 반드시 학문에 통달한다네.
만약 고리 같은 주름이 있으면 막히는 일이 많으며,
집안의 재물과 조상의 종묘까지 모두 파괴한다네.

② 財帛宮

鼻乃財星, 爲居土宿,(天倉, 地庫, 金甲, 三陰, 井竈 總曰 財
帛. 須要豊滿明潤, 財帛有餘, 忽然枯削昏黑, 財帛乏消.) 截
筒懸膽, 千倉萬箱, 聳直豊隆, 一生財旺富貴.

코는 재성으로 土宿(천창, 지고, 금갑, 이음, 정조에 있는데
모두 재백이라고 한다. 반드시 풍만하고 밝게 윤택해야 재
물이 넉넉하다. 갑자기 메마르고 깎이거나 어두워지고 검
어지면 재백이 결핍되고 사라진다.)에 있다. 截筒鼻이거나
懸膽鼻이면 수많은 창고와 재물을 가진 것과 같고, 곧게
솟아 풍성하면 평생 재운이 왕성하고 부귀를 누리게 된다.

詩曰: 鼻主財星瑩若隆, 兩邊廚竈莫敎空, 仰露家無財與粟,
地閣相朝甲匱豊.

코는 재성을 주관하니 밝게 솟아야 하고,
양쪽의 廚竈가 비어 있지 않아야 하네.

위를 향해 드러나면 집에 재산과 곡식이 없고,
지각과 서로 조응하면 갑궤가 가득하다네.

③ 兄弟宮

兄弟位居兩眉, 屬羅計, 眉長過目, 三四兄弟無刑, 眉秀而疎,
枝幹, 自然端正, 有如新月, 和同永遠超群.

형제궁은 두 눈썹에 있으며 羅計에 속한다. 눈썹이 길어
눈을 지나면 3~4형제가 형벌을 당하지 않고, 눈썹이 수려
하고 성기며 단정한 것이 마치 초승달처럼 생겼으면 동기
간에 화합하여 오래도록 우애가 좋으며 재주가 출중하다.

詩曰: 眉爲兄弟軟輕長, 兄弟生成四五强. 兩角不齊須異母,
交連黃薄喪他鄉.

눈썹은 형제궁으로 부드럽고 경쾌하며
길면 4~5명의 형제가 강하다네.
양 끝이 가지런하지 못하면 반드시 다른 어머니를 맞으며,
눈썹이 붙은 듯하고 누렇게 약하면
고향을 떠나 고생을 한다네.

④ 田宅宮

田宅者, 位居兩眼, 最怕赤脉侵睛. 初年破盡家園, 到老無糧
作藥, 眼如點漆, 終身産業榮昌, 鳳目高眉, 稅置三州五縣.

전택궁은 두 눈에 있다. 가장 두려운 것은 붉은 실핏줄이 눈동자를 침범하는 것이다. 초년에 가정과 재산을 탕진하고 늙어서까지 식량이 없어 일을 해야 한다. 눈동자가 점칠 같으면 평생 하는 일이 융성하고, 봉의 눈에 눈썹이 높이 있으면 삼주 오현을 두어 세를 받는다.

詩曰: 眼爲田宅主其宮, 淸秀分明一樣同,
　　　若是陰陽枯更露, 父母家財總是空.

　　　눈은 전택궁으로 맑고 수려하며 흑백이 분명하고
　　　두 눈이 같은 모양이어야 하네.
　　　만약 음양이 메마르고 다시 드러나면
　　　부모의 유산과 가업의 재산을 모두 날린다.

⑤ 男女宮

男女者, 位居兩眼下, 名曰漏堂. 三陽平滿, 兒孫福祿榮昌,
隱隱臥蠶, 子媳還須淸貴.

남녀궁이란 양쪽 눈 아래에 있으며, 淚堂이라고 한다. 三陽이 평만하면 자손의 복록이 번창한다. 와잠이 은은하면 반드시 자식이 청렴한 귀인이 된다.

詩曰: 男女三陽起臥蠶, 瑩然光彩好兒郎,
　　　懸針理亂來侵位, 宿債一生不可當.

　　　남녀궁은 삼양인 와잠에서 일어나니,

밝은 광채가 있으면 좋은 자손을 얻는다네.
침을 매달아 놓은 듯한 주름이 어지럽게 와잠을
침범하면 묵은 빚을 일생 갚지 못한다네.

⑥ 奴僕宮

奴僕者, 位居地閣, 重接水星, 顔圓豊滿, 侍立成群, 輔弼星
朝, 一呼百諾, 口如四字, 主呼聚喝散之權.

노복궁은 地閣에 있으며 水星에 접해 있다. 이마가 둥글고
풍요롭게 가득 차면 시립하는 자들이 무리를 이룬다. 노복
궁을 보필하고 조응하면 만인을 호령하는 위치에 있으며, 입
이 넉 四자 모양이면 모이고 흩어지게 하는 권력을 가진다.

詩曰: 奴僕還須地閣豊, 水星兩角不相容,
若言三處都無應, 傾陷紋痕總不同.

노복궁은 모름지기 地閣이 풍만해야 하고,
水星 양각이 서로 용납함이 없어야 한다네.
만일 이 세 곳이 모두 응하지 않고
기울어지고 함몰되고 주름과 상흔이 있는 것은
모두 좋지 않다네.

⑦ 妻妾宮

妻妾者, 爲居魚尾, 號曰奸門. 光潤無紋, 必保妻全四德, 豊

隆平滿, 娶妻財帛盈箱, 顴星侵天, 因妻得祿

처첩궁은 魚尾에 있으며, 奸門이라고 한다. 윤택하게 빛나고 주름이 없으면 반드시 온전한 四德을 갖춘 부인을 얻고, 풍성하게 솟아 평만하면 妻를 얻은 뒤 재백이 가득 차며, 관골이 천창까지 꿰듯이 뻗어 있다면 아내로 인하여 관록을 얻는다.

詩曰: 奸門光澤保妻宮, 財帛盈箱見始終,
　　　若是奸門生黯黲, 斜紋黑痣蕩淫奔.

간문의 빛이 윤택하면 妻宮이 보장되고,
항상 재백의 상자가 가득 차 있네.
만약 간문의 색이 검푸르고,
비스듬한 주름이나 검은 사마귀가 있으면
음탕한 일로 분주하네.

⑧ 疾厄宮

疾厄者, 印堂之下, 位居山根, 隆而豊滿, 祖祿無窮,[110] 連接伏犀, 定主文章, 瑩然光彩, 五福俱全, 年壽高平, 和鳴相守.

질액궁은 印堂 아래 山根에 있다. 山根이 솟아 풍만하면, 조상의 복록이 무궁하고, 伏犀와 연이은 듯 있으면 문장으로 성공하며, 산근이 빛나고 광채가 나면 오복을 두루 갖

---

110) 판본에 따라 '福祿無窮' 또는 '祖祿無窮'으로 되어 있다.

춘 것이고, 연상 수상이 높고 평만하면 조화되어 서로를
지킨다.

詩曰: 山根疾厄起平平, 一世無災禍不生,
　　　若直紋痕幷枯骨, 平生辛苦却難成.

　　　山根은 질액궁으로 평평하게 일어나면
　　　일생 동안 재화가 발생하지 않네.
　　　만약 세로 주름이나 흉터, 더불어 뼈만 남아 앙상하면
　　　평생 고생만 하고 뜻을 이루기가 어렵네.

⑨ 遷移宮

遷移者, 位居眉角, 號曰天倉. 隆滿豊盈, 華彩無憂, 魚尾位
平, 到老得人欽羨, 騰騰驛馬, 須貴遊宦四方.

천이궁은 眉角에 있으며 天倉이라고 한다. 天倉은 우뚝 솟
아 풍요롭게 가득 차면 아름다운 채색으로 근심이 없다.
어미가 평평하면 늙어서까지 사람들의 존경과 사랑을 받
게 되고, 역마가 등등하면 반드시 귀한 신분이 되어 사방
을 노닌다.

詩曰: 遷移宮分在天倉, 低陷平生少住場,
　　　魚尾末年不相應, 定因遊宦却尋常.

　　　천이궁은 천창골에 있는데,

낮고 함몰되었으면 평생 한곳에 머물러 살지 못한다.
어미가 말년에 상응하지 않으면
반드시 벼슬 인연이 있다 해도 평범한 것이다.

⑩ 官祿宮

官祿者, 位居中正, 上合離宮, 伏犀頂貫, 一生不到公庭, 驛
馬朝歸, 官司退擾. 光明瑩淨, 顯達超群.

관록궁은 中正에 있으니 위로는 離宮[111])을 합한다. 복서골
이 정수리까지 관통하면, 일생 동안 법정에 갈 일이 없고,
역마가 발달하여 朝歸하면 관직에서 물러날까 근심하지
않아도 된다. 관록궁이 빛나고 밝으며 맑고 깨끗하면, 현
달하여 많은 사람 위에 군림한다.

詩曰: 官祿榮宮仔細詳, 山根倉庫要相當,
　　　忽然瑩淨無痕點, 定主官榮久貴長.

관록은 명예를 보는 궁이므로 자세히 살펴야 하는데,
산근과 천창, 지고가 서로 어울려야 한다네.
갑자기 이마가 밝고 깨끗하며 아무런 결점이 없다면
반드시 관록의 영화로움이 오래도록 귀하다.

---

111) 離宮은 이마를 말한다.

⑪ 福德宮

福德者, 位居天倉, 牽連地閣, 五星朝拱, 平生福祿滔滔, 天地相朝, 德行須全五福.

복덕궁은 天倉에 있으며 地角의 기세를 끌어 이어지고, 五星이 서로 조공을 하듯 하면, 평생 복록이 도도히 흐르는 강물과 같다. 천지가 서로 조응하면 덕행으로 반드시 오복을 온전하게 누린다.

詩曰: 福德天倉地閣圓, 五星光照福綿綿,
　　　若還缺陷幷尖削, 衣食平平更不全.

　　복덕궁은 천창과 지각이 둥글어야 하고,
　　오성이 환히 비추면 복록이 끊이지 않는다네.
　　만일 결함이 있거나 아울러 뾰족하거나 깎이면
　　衣食이 평탄하다가 福이 다시 온전치 못하게 된다네.

⑫ 父母宮112)

父母宮, 論日月角, 須要高圓. 明淨則父母, 長壽康寧. 低陷

---

112) 현대에서 말하는 12궁에는 父母宮이 들어간다. 하지만 『麻衣相法』과 『神相全編』에서는 相貌宮을 12궁에 넣은 후, 12궁 총결이라고 하여 父母宮을 설명하였다. 『麻衣相法』 내 「達磨祖師相訣祕傳」에서는 12궁에 父母宮이 들어가 있고 田宅宮이 빠졌으며 相貌宮이 들어가 있다. 相貌宮의 내용을 보면 12궁의 총론으로 상을 보는 방법에 대하여 논하였다. 따라서 본 저자는 12궁 속에 父母宮이 들어가고 相貌宮은 상을 보는 방법으로 생각하고 논술한다. 陳淡埜의 『相理衡眞』에서의 12궁이 현대에서 사용하고 있는 12궁이다. 상학의 고전에서는 각각의 12궁에 대한 위치 또한 조금씩 다르게 나타난다. 이는 明·靑代를 거치면서 정리가 되었다고 할 수 있다.

幼失雙親. 暗昧 主父母有疾. … 兩角入頂, 父母雙榮, 更受祖蔭, 父母聞名.

부모궁은 일·월각을 논하는데 반드시 높고 둥글어야 한다. 일·월각이 밝고 깨끗하면 부모가 건강하고 장수하며, 일·월각이 낮거나 함몰되어 있으면 어려서 부모를 잃으며, 어둡고 컴컴한 기색이 있으면 부모에게 질병이 발생한다. … 양각이 정수리로 들어가면 부모가 모두 영화롭고, 다시금 조상의 음덕을 받으며 부모의 명성을 듣는다.

相貌宮은 상을 보는 방법을 말하고 있다.

相貌者, 先五嶽盈滿, 此人富貴多榮, 次辯三停俱等, 永保平生顯達. 五嶽朝聳, 官祿遷榮, 行坐威嚴, 爲人尊重.

相貌는 먼저 오악이 가득 차 있어야 하니 이러한 사람은 부귀와 영화로움이 많고, 다음으로 삼정이 모두 균등함을 살펴봐야 하니 평생 현달함이 오래도록 간다. 오악이 솟아서 조응하면, 관록이 영전하여 영화로움이 있고, 걷고 앉음에 위엄이 있으면 사람됨이 존귀하며 엄중하다.

**詩曰: 相貌須敎上下停, 三停平等更相生,
若還一處無均等, 好惡中間有改更.**

相貌는 모름지기 상·중·하정을 기준을 삼아야 하니 三停이 평등하면 다시금 상생한다네.

만약 한 곳이라도 균등함이 없다면
좋고 나쁜 점 가운데 고쳐짐이 있어야 하네.

(6) 學堂[113)

학당에는 사학당과 팔학당이 있다.

● 四學堂

一日 眼 爲官學堂, 眼要長而淸, 主官職之位. 二曰 額 爲祿
學堂, 額闊而長, 主官壽. 三曰 當門兩齒, 爲內學堂, 要周正
而密, 主忠信孝敬, 疏缺而小, 主多狂妄. 四曰 耳門之前, 爲
外學堂, 要耳前豐滿光潤, 主聰明, 若昏沈愚魯之人也.

첫째, 눈을 官學堂이라 하니, 눈은 길고 맑아야 관직의 지
위에 오를 수 있다. 둘째, 이마를 祿學堂이라 하니, 이마가
넓고 길어야 높은 관직에 오르고 장수할 수 있다. **셋째**, 當
門兩齒를 內學堂이라 하니 두루 단정하고 조밀해야 忠·信
·孝·敬이 있으며, 치아가 듬성듬성하고 작으면 말과 행동
이 정상적인 이치에서 어그러진다. **넷째**, 耳門의 앞을 外
學堂이라 하니 귀의 앞이 풍만하고 빛이 윤택하면 총명하
지만 만약 귀가 어두우면 어리석고 둔한 사람이다.

---

113) 麻衣相士; 『麻衣相法』, 43쪽.

● 八學堂

第一 高明部學堂, 頭圓或有異骨昂, 第二 高廣部學堂, 額角
明潤骨起方, 第三 光大部學堂, 印堂平明無痕傷, 第四 明秀
部學堂, 眼光黑多人隱藏。第五 聰明部學堂, 耳有輪廓紅白
黃, 第六 忠信部學堂, 齒齊周密白如霜, 第七 廣德部學堂,
舌長至準紅紋長, 第八 斑笋部學堂, 橫紋中節彎合雙.

첫째, 高明部學堂은 머리로 둥글거나 혹은 異骨이 솟은 것
이다. **둘째**, 高廣部學堂은 액각으로 밝고 윤택하며 뼈가
모난 듯 솟아 있는 것이다. **셋째**, 光大部學堂은 인당으로
평평하고 밝고 상처나 흠이 없어야 한다. **넷째**, 明秀部學
堂은 안광이 밝고 수려하며 검은 눈동자가 많아야 하며 눈
빛은 함장 되어야 한다. **다섯째**, 聰明部學堂은 귀로 윤곽
이 뚜렷하고 홍색이나 백색, 황색이어야 한다. **여섯째**, 충
신부학당은 치아로 가지런하고 조밀해야 하며, 색은 마치
서리와 같이 희어야 한다. **일곱째**, 廣德部學堂은 혀로서
길이가 준두까지 닿을 정도로 길고, 붉으며 세로의 문양이
있으면 귀하다. **여덟째**, 斑笋部學堂은 눈썹으로 옆으로 길
게 뻗다가 중간에 살짝 굽은 듯해야 하며, 양쪽 눈썹이 똑
같아야 한다.

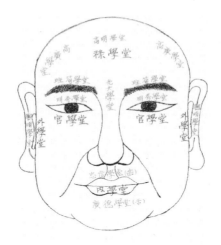

學堂之圖 (四學堂・八學堂)

(7) 13부위도

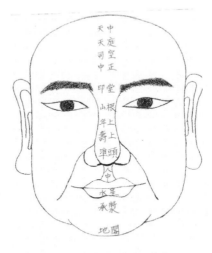

十三部位 總要圖

第四章
情態

1. 情態

容貌者, 骨之餘, 常佐骨之不足. 情態者, 神之餘, 常佐神之不足.
久注觀人情神, 乍見觀人情態. 大家擧止, 羞澁亦佳; 小兒行藏, 跳
叫愈失. 大旨亦辨淸濁, 細處兼論取舍.

情態(정태)

용모는 골격의 나머지이니, 항상 골격의 부족함을 보좌할 수 있
어야 하며, 정태는 정신의 나머지이니, 항상 정신의 부족함을
보좌할 수 있어야 한다.

오래도록 주시할 때에는 사람의 정신을 보고, 잠시 볼 때에는
사람의 情態(정태)를 보아야 한다. 大家(대가)의 행동거지는 궁
핍해도 아름다우며 小兒(소아) 같은 거동은 뛰어다니기도 하고
울부짖기도 하여 더욱 정태를 잃는다.

큰 부분에 대하여서는 역시 淸濁(청탁)을 분별해야 하며, 미세

한 부분에 대하여서는 취하고 버린 것을 겸하여 논한다.

2. 恒態

人有弱態, 有狂態, 有疎懶態, 有周旋態. 飛鳥依人, 情致婉轉, 此弱態也. 不衫不履, 傍若無人, 此狂態也. 坐止自如, 問答隨意, 此懶態也. 飾其中機, 不苟言笑, 察言觀色, 趨吉避凶, 此周旋態也. 皆根其情, 不由矯枉.

弱而不媚, 狂而不譁, 疎懶而眞誠, 周旋而健擧, 皆能成器; 反此, 敗類也, 大槪亦得二三矣.

恒態(항태)

사람은 공손하고 유약한 정태가 있고, 멋대로 행동하여 속박당하지 않는 정태가 있으며, 거칠고 나태한 정태가 있으며, 중재 알선을 잘하는 정태가 있다.

새가 주인을 의지하여 정겨운 흥취로 여전히 주위를 빙빙 돈다면 이것은 弱態(약태)이다. 옷도 입지 않고 신도 신지 않아 곁에 사람이 없는 것처럼 함부로 거동하면 이것은 狂態(광태)이다.

가만히 앉아 있거나 거동하는 데 구애받지 않고 태연하여 묻고 대답하는 데 생각나는 대로 하면 이것은 懶怠(라태)이다. 자신의 마음속의 기틀을 꾸며서 말하거나 우는 것을 구차 하게 하지 않으며, 남의 말을 살피고 안색을 보아서 길함을 따르고 흉함을 버리면 이것은 周旋態(주선태)이다. 모두 그의 心情(심정)에 근원하여 矯枉(교왕)에 연유하지 않는다.

弱(약)하면서도 자신이 뜻을 굽혀 남의 비위를 맞추지 않으며, 狂(광)하면서도 무리하게 소란을 피우지 않으며, 懶怠(라태)하면서도 참되고 성실하며, 周旋(주선)하면서도 건전하고 강직하게 거동한다면 모두 쓸모 있는 그릇을 이룰 수 있다. 이와 반대라면 쓸모없는 무리이니 대체로 두 셋이 된다.

3. 時態

前者恒態, 又有時態. 方與對談, 神忽他往; 衆方稱言, 此獨冷笑; 深險難近, 不足與論情. 言不必當, 極口稱是, 未交此人, 故意詆毁; 卑庸可恥, 不足與論事. 漫無可否, 臨事遲回; 不甚關情, 亦爲墮淚: 婦人之仁, 不足與談心. 三者不必定人終身, 反此以求, 可以交天下士.

時態(시태)

앞의 네 가지는 恒態(항태)이며 다시 또 時態(시태)가 있다.

사람과 대면하여 이야기할 때에 神(신)이 홀연히 다른 데로 옮겨가거나; 많은 사람들이 칭찬하여 말하는데 이 사람 홀로 냉소 짓는다면; 마음이 잔인하고 음험하여 가까이하기 어려우니 그런 사람과는 감정을 논할 수 없다.

다른 사람의 말이 타당하지 못한데도 극구 옳다고 말하면 이런 사람과는 사귀지 못하며, 의도적으로 남을 비방하거나 헐뜯는다면; 비열하고 용렬하여 부끄러워할 만하므로 함께 일을 논할 수 없다.

내키는 대로 멋대로 하여 옳고 그름이 없어서 일에 임하여 꾸물대고 결정을 내리지 못하거나; 어떤 일에 감정 단속을 두터이 하지 못하며 또한 그를 위해 눈물을 흘린다면: 부인네의 仁(인)이니 그런 사람과는 속마음을 이야기할 수 없다.

앞의 세 가지는 그 사람의 종신을 기필하여 결정하지 못하니, 이 세 가지와 반대로써 구한다면 그것으로서 천하의 인사를 사귈 것이다.

해   설

1) 情態

정태는 감정의 태도이다. 즉, 감정을 나타내는 표현하는 언어의
형태 및 행동거지이다.

情態는 神과 비슷하지만 같지는 않다. 情態는 神의 겉에 나타난
실마리라고, 즉 단서라고 할 수 있다. 정태를 관찰하여 그 사람
의 정신의 상태를 미루어 짐작할 수 있다는 것이다. 일반적인으
로 相을 관찰하는 데 있어 互補·互逆의 원칙과 主次·取捨의 원
칙이 있다.

● 互補·互逆의 원칙

互補·互逆의 원칙은 개개의 부위로는 부족한데 전체적으로 보
면 보완되는 부분이 있어 좋아질 수 있거나, 개개의 부위로는
충분하게 좋은 상인데 전체적으로 보면 이루어지지 못한 것을
말한다. 일반적인 내용들이 많이 있지만, '十美'와 '十淸'의 설
이 있는데 『柳莊相法』에 논술되어 있다.

「十美」

十美何說. 掌軟如綿兼目秀, 自能將拳入口中, 爲一美, 主二品之格. 一身之肉, 如玉如珠爲二美, 主三品之格. 凡瘦頭圓爲三美, 然不過小貴. 耳後肉起爲四美, 主富貴. 陰囊香, 汗潤色長明, 爲五美, 主大貴超群. 身面黑而掌心白, 乃陰內生陽, 爲六美, 文武職大顯. 睛清盾紅爲七美, 主武職. 人小聲清爲八美, 目有夜光爲九美, 十八生鬚, 清秀者爲十美, 早登科甲.114)

열 가지 아름다움이란 무엇을 말하는가?

손바닥 부드럽기가 솜과 같고 눈이 수려하며, 자신의 주먹이 입 안으로 들어가는 것이 첫째 아름다움으로 2품의 격이다. 몸의 살이 옥과 같고 구슬과 같으면 둘째 아름다움으로 3품의 격이다. 야윈 사람이 머리가 둥글면 셋째 아름다움이지만 조금 귀할 뿐이다. 귀 뒤의 살이 솟은 것이 넷째 아름다움으로 부귀하다. 음낭이 향기로우며 땀이 윤택하며 기색이 오랫동안 밝으면 다섯째 아름다움으로 크게 귀하여 무리를 뛰어넘는 사람이다. 몸과 얼굴은 검은데 손바닥이 희면 이는 음속에서 양이 생하는 것이니 여섯째 아름다움으로 문관이나 무관의 직책에서 크게 영달한다. 눈동자가 맑고 입술이 붉은 것이 일곱째 아름다움으로 무관직에 나가게 된다. 체구는 작은 사람이 음성이 맑으면 여덟째 아름다움이며, 눈이 밤에 광채 나면 아홉째 아름다움

---

114) 袁忠撤, 『柳莊相法』「十美」, 鼎文書局, 2001년.

이며, 18세에 수염이 나는데 맑고 수려하면 열째 아름다움
으로 일찍이 과거에 급제하게 된다.

맑음이란 한 점이라도 탁한 점이 없이 맑음의 끝에 닿아야 하는
것을 말하며 이는 형국에 대해 논한 것이다.

「十淸」

有十淸再有十美, 聲音響, 先小後大爲一淸,[115] … 身上毛宜
細軟, 爲二淸, 髮毛則如山林, 欲潤而淸, 軟而細. 齒如玉爲
三淸,[116] … 掌紅潤, 紋如絲, 脂長爲四淸. 耳白色兼紅潤, 爲
五淸,[117] … 髮潤眉黑爲六淸, 髮齊過命門爲七淸, 至瘦極血
潤不露骨, 爲八淸, 此件極貴. 至瘦乳硬爲九淸, 臍深爲十淸,
此十淸如, 得一二可取 有貴之格.[118]

음성에 울림이 있고 처음에는 작은 듯해도 후에 커지는 것
이 첫째 맑음이고, … 몸에 있는 털이 가늘고 부드러운 것
이 둘째 맑음으로 머리털과 체모는 곧 산림과 같아서 윤택

---

115) 一淸: 古人云: 貴人聲韻出丹田, 氣實喉寬響又堅, 又云; 木聲高唱, 火聲焦, 和潤金
聲福壽饒. 옛사람이 말하기를 '귀인의 음성의 울림은 단전에서 나오는데 氣가 충
실하고 목구멍이 넓어 울림도 견실한 것이다.'라고 하였다. 또한 말하기를 '木聲
은 음이 높게 부르짖고, 火聲은 타는 듯 초조하며, 온화하고 윤택한 金聲은 복과
수명이 넉넉하다.'고 하였다.

116) 三淸: 書云; 欲食貴人祿, 須生貴人齒. 책에 말하기를 '귀인으로 녹을 먹으려면 반
드시 귀인의 치아로 생겨야 한다.'라고 하였다.

117) 五淸: 書云; 耳白過面, 朝野聞名, 又云; 耳白盾紅兼眼秀, 何愁金榜不題名. 책에 말
하기를 '귀가 얼굴보다 희면 朝野에서 이름을 듣게 된다.'라고 하였고, 또한 말하
기를 '귀가 희고 입술이 붉으며 겸하여 눈이 수려하면 어찌 과거에 급제하여 이
름이 앞에 걸리지 않음을 근심하겠는가?'라고 하였다.

118) 袁忠撤, 『柳莊相法』「十美」, 鼎文書局, 2001년.

하고 맑으며 부드럽고 가늘어야 한다. 치아가 옥과 같은 것이 셋째 맑음이며, … 손바닥이 붉으며 손금이 명주실 같고 손가락이 긴 것이 넷째 맑음이다. 귀가 희거나 붉고 윤택한 것이 다섯째 맑음이며, … 머리카락이 윤택하고 눈썹이 검은 것이 여섯째 맑음이며, 빈발이 명문을 지난 것이 일곱째 맑음이다. 지극히 야윈 사람이 혈이 윤택하고 빛나며 뼈가 드러나지 않은 것이 여덟째 맑음으로 이것은 극귀한 것이다. 지극히 야윈 사람이 유두가 단단하면 아홉째 맑음이며, 배꼽이 깊은 것이 열째 맑음이다. 이 열 가지 맑음 가운데 한두 가지를 갖추었다면 귀한 격이다.

이를 정리해보면 **十美**는: 1美는 손바닥이 부드럽고 눈이 수려하며 입이 크고, 2美는 피부가 좋으며, 3美는 야위었지만 머리가 둥글고, 4美는 귀 뒤의 살이 솟았으며, 5美는 생식기가 윤택하고 밝고 향기로우며, 6美는 몸과 얼굴은 검은데 손바닥이 깨끗하게 흰색이며, 7美는 눈동자가 맑고 입술이 붉으며, 8美는 체구는 작은데도 음성이 맑으며, 9美는 눈이 밤에도 광채가 나고, 10美는 18세에 수염이 나는데 맑고 수려하다.

十淸은: 1淸은 음성이 맑은 것이고, 2淸은 몸의 털이 가늘고 부드러운 것이며, 3淸은 치아가 옥과 같은 것이며, 4淸은 손바닥이 붉고 손가락이 긴 것이며, 5淸은 귀가 희거나 윤택한 것이며, 6淸은 머리카락과 눈썹이 검고 윤택한 것이며, 7淸은 빈발이 명문을 지나며, 8淸은 야위었는데도 血이 윤택하고 露骨되지 않은 것이며, 9淸은 야위었는데도 유두가 단단한 것이며, 10淸은 배꼽이 깊은 것이다.

● 主次와 取捨의 원칙

상을 볼 때 어디에 중점을 두고 선후를 정하는가 하는 것과 어느 것을 버리고 취해야 하는가 하는 것이다.
神이 우선이고 形이 다음이며, 骨이 우선이고 容貌가 다음이다.119)

2) 恒態와 時態

情態는 神의 여분을 말하며, 그에 다른 감정의 태도에는 恒態와 時態가 있다.

유소의 『人物志』에서는 사람을 관찰하는 방법으로 '八觀'과 '五視'를 제시한다. '八觀'은 그 사람의 평상시 행위를 관찰함으로써 사람에게 있는 내적 심리상태를 살피는 방법이고, '五視'란 다섯 종류의 처한 상황 가운데서 그 사람의 행동거지를 파악하여 인재를 식별하는 법이다.

> 八觀者, 一曰 觀其奪救, 以明間雜. 二曰 觀其感變, 以審常
> 度. 三曰 觀其志質, 以知其名. 四曰 觀其所由, 以辨依似. 五

---

119) "主次; 神爲主而形爲次. 骨爲主而容(貌)爲次", 曾國藩, 歐陽相如 解譯, 『氷鑑』, 台北: 捷幼出版社, 2003.

曰 觀其愛敬, 以知通塞. 六曰 觀其情機, 以辨恕惑. 七曰 觀
其所短, 以知所長. 八曰 觀其聰明, 以知所達.120)

사람을 관찰하는 여덟 가지 방법은 첫째는 남과 쟁탈하는
경우와 남을 구제하는 경우를 관찰하여 뒤섞인 성격상태를
밝혀내는 일이다. 둘째는 그 감응하여 변하는 것을 관찰하
여 평소의 태도를 살피며, 셋째는 그 의지의 바탕을 관찰하
여 그 명성의 근거를 알며, 넷째는 그 행위의 동기를 관찰
하여 사이비하여 덕을 어지럽히는지를 분별하며, 다섯째는
그 사랑하고 공경하는 태도를 관찰하여 통하고 막힘을 알
며, 여섯째는 그 성정의 기미를 관찰하여 어진 사람과 미혹
된 사람을 파악해내는 일이다. 일곱째는 그 모자라는 점을
관찰하여 그가 가진 장점을 파악해내는 일이다. 여덟째는
그 총명함을 관찰하여 통달한 바를 관찰하는 것이다.

'五視'란 처한 상황 가운데서 그 사람의 행동거지를 파악하여
인재를 식별하는 법이다. 사람의 재질을 아는 것만으로는 그 사
람의 행동의 변화를 알기에 부족하다고 생각하였다.

居視其所安, 達視其所舉, 富視其所與, 窮視其所為, 貧視其
所取. 然後乃能知賢否. 此又已試, 非始相也121)

재야에 머물 때에는 그가 무엇을 편안하게 여기는가를 살
펴보고, 등용되었을 때에는 그가 어떤 사람을 천거하는가

---

120) 劉邵, 劉昞 注, 『人物志』「八觀」, 四庫全書(文淵閣)·子部·雜家類.
121) 劉邵, 劉昞 注, 위의 책, 「效難」.

를 살펴보며, 부유할 때는 그가 남에게 어떻게 베푸는가를 보고, 곤궁하게 되었을 때는 그의 행하는 바를 보고, 가난하게 되었을 때에는 그가 무엇을 취하는가를 살펴본 뒤에야 비로소 그 사람이 현명한가 아닌가를 알 수 있다. 이와 같은 것은 경험한 뒤에 알 수 있는 것이지, 처음 보고 알 수 있는 것은 아니다.

'八觀'은 그 사람의 평상시 행위를 관찰함으로써 그 사람에게 있는 내적 심리상태를 살피는 방법으로 恒態라 할 수 있으며, '五視'는 그 사람의 처한 각각의 다른 상황 가운데서 시시때때로 변하는 그 사람의 행동거지를 파악하는 情態라고 볼 수 있다.

'八觀'과 '五視'는 옛 현인들이 사람을 식별하는 방법으로 많이 거론되어 왔다. 유소가 제시한 '八觀'과 '五視'는 사람의 내적 본질과 뒤섞인 심리상태를 보다 체계화시킨 것이다. 이를 근거로 유소는 『人物志』에서 사람의 성정과 심리상태를 상세히 고찰하여 인물품평과 인재 분류의 기준을 제시한다.[122]

---

122) 『大戴禮記』「文王官人」편이나 『逸周書』에는 六微이 논술되어 있는데, 성음과 찰색을 특히 중요하게 생각했다. 『呂氏春秋』「論人」편에서는 처해 있는 상황을 살피는 데에 '八觀'법을 사용하였으며, 『六韜』「文韜·六守」에도 사람이 처한 상황을 보고 관찰하는 법이 논술되어 있다. 김연희, 「劉劭 '人物志'의 人材論에 관한 相學的 연구」, 원광대학교 박사학위 논문, 2008, 76쪽.

第五章
鬚眉

1. 鬚眉

‘鬚眉男子’, 未有鬚眉不具, 可稱男子者. 少年兩道眉, 臨老一
林鬚. 此言眉主蚤成, 鬚主晚運也.
然而紫面無鬚自貴, 暴腮缺鬚亦榮: 郭令公半部不全, 霍嫖姚
一副寡臉. 此等間逢, 畢竟有鬚眉者, 十之九也.

鬚眉(수미)

‘수염남자’란 수염과 눈썹이 갖추어지지 않고서는 남자라고 부
를 수 있는 사람은 없다는 말이다. 청소년기에는 양쪽 눈썹이며
노년기에는 숲처럼 우거진 수염이라 하니, 이것은 눈썹은 이른
성공을 주관하고 수염은 만년의 운을 주관함을 말한 것이다.
그러나 紫色(자색) 얼굴에는 수염이 없어도 저절로 귀하게 되고,
양쪽 뺨이 돌출된 경우에는 수염이 모자라도 또한 영달하게 된

다.: 郭令公(곽영공)은 半部(반부)가 온전하지 못했으며, 霍嫖姚
(곽표요)는 일부 뺨이 부족하니,[123] 이러한 경우도 간혹 만나지
만 수염과 눈썹이 있는 경우가 십중팔구이다.

2. 眉

眉尚彩, 彩者, 杪處反光也. 貴人有三層彩, 有一二層彩者.
所謂 '文明氣象', 宜疏爽不宜凝滯.
一望有乘風翔舞之勢, 上也; 如潑墨者, 最下. 倒豎者, 上也;
下垂者, 最下. 長有起伏, 短有神氣; 濃忌浮光, 淡忌枯索.
如劍者掌兵權, 如帚者赴法場. 個中亦有徵范, 不可不辨. 他
如壓眼不利, 散亂多憂, 細而帶媚, 粗而無文.

眉(미)

눈썹은 광채를 숭상하니 광채란 눈썹 털의 끝부분이 번쩍이며
드러나는 밝은 빛이다. 귀인은 3층의 광채가 있으며, 1층이나 2
층의 광채가 있는 자도 있다. 이른바 인류가 문명으로 진보한

---

123) 郭令公은 唐의 장군으로 곽자의를 말하고, 霍嫖姚는 漢의 명장으로 곽거병이다.

기상이므로 마땅히 트여서 시원하며, 응체되어서는 안 된다.

한 번 바라볼 때 봉황이 바람을 타고 춤추는 형세가 있는 것이 으뜸이고, 어수선하게 먹물을 뿌려 놓은 것과 같은 것은 최하이 며, 거꾸로 선 것이 으뜸이고, 아래로 늘어진 것은 최하이다.

눈썹이 길면 기복이 있어야 하고 짧으면 神氣(신기)가 있어야 하며, 눈썹이 진하면 들떠서 번쩍거리는 빛을 꺼리고, 연하면 바싹 마른 새끼줄 같은 것을 꺼리며, 두 눈썹이 칼과 같은 경우 에는 병권을 장악하고, 빗자루와 같은 경우에는 法場(법장)으로 달려간다. 이러한 가운데에도 또 여러 가지 다른 조짐이 있으므 로 자세히 분별하지 않으면 안 된다.

기타 그 밖에 만일 눈썹이 길어서 눈을 누르면 불리하고, 눈썹 이 산란하여 질서가 없으면 근심이 많으며, 눈썹이 가늘면서 미 태를 띠거나, 거칠면서 가지런히 꾸며짐이 없으면 이것은 모두 최하이다.

해　설

1) 눈썹

눈썹과 수염은 얼굴의 초목과 같다. 초목으로서의 눈썹과 수염은
木에 해당하여 생명력의 표징이라고 할 수 있으므로 건강을 판단
하기도 한다. 그렇기 때문에 수려하고 빛이 나며 윤기가 있어야
한다. 동양의학적으로는 눈썹은 膽에 속하여 火에 가까우므로 위
로 나고 올라가며, 수염은 腎에 속하여 水에 해당하므로 아래로
드리워진다. 또한 눈썹에서는 초년의 상황을 관찰할 수 있으며,
수염에서는 말년의 상황을 짐작할 수 있다. 『麻衣相法』과 『神相
全編』을 중심으로 눈썹과 수염에 대하여 알아보고자 한다.

눈썹은 보수관으로 수명을 보존하는 데 큰 역할을 하므로 건강
과 밀접한 관계가 있다. 눈썹이 맑고 높으며 성기듯 소통하듯
수려하고 환하며 눈보다 一寸 정도 높이 있어 둥글게 길면 보수
관이 이루어진 것이다. 눈썹에 가는 흰 털이 나면 수명이 길어
진다. 만약 눈썹이 거칠고 색이 짙으며 누렇게 담백하고 흩어져
산란하고 낮고 압박하면 형벌을 당하고 상하며 파괴하고 무너
지게 된다.

夫眉者, 媚也. 爲兩目之翠盖, 一面之儀表, 且謂目之彩華, 主賢愚之辨也. 故眉欲淸而細, 平而潤, 秀而長者, 性乃聰明也. 若夫粗而濃, 逆而亂, 短而蹙者, 性乃兇頑也.[124)

눈썹이란 '아름답다'라는 뜻으로 두 눈을 잘 덮어주어야 하니 얼굴의 표상이며, 또한 두 눈을 더욱 아름답게 꾸며 주는 彩華이며, 눈썹은 주로 사람의 어질고 어리석음을 판별하는 것을 주관한다. 눈썹은 맑고 섬세해야 하고 평평하면서 넓은 듯하며 수려하게 긴 눈썹은 성품이 총명하고, 눈썹이 거칠고 짙으며 거슬러 나거나 어지럽고 짧거나 오그라든 듯하면 성품이 흉하고 완고하다.

눈썹은 사람의 정신적 위엄이나 기질을 가장 잘 나타내는 부분이다. 눈썹은 현명한 사람과 어리석은 사람을 구별하는 중요한 부위 중 하나로 지혜를 판단하고 귀천을 판단하기도 하는 곳이기도 하다. '眉目이 수려하다'는 말은 그만큼 그 사람의 정신상태가 특별하다는 것을 알 수 있다.

少年得第踏靑雲, 眉目分明氣骨淸. 眉目分明氣骨俗, 只有文章豈有名? 或眉疎而眼秀, 氣稍淸則爲士. … 是以眉高聳秀, 威權祿厚. 眉毛長垂, 高壽無疑. 眉色光澤, 求官易得.[125)

소년에 급제하여 입신출세의 길을 걷는 사람은 눈썹과 눈이 분명하고 氣骨이 淸秀하며, 눈썹과 눈이 분명해도 氣骨

---

124) 麻衣相士, 『麻衣相法』「論眉」; 陳希夷, 『神相全編』; 王朴 撰, 『太淸神鑑』.
125) 王朴 撰, 『太淸神鑑』「神秘論」四庫全書(文淵閣)·子部·術數類.

이 저속하다면 다만 文章은 있더라도 어찌 이름을 이룰 수 있겠는가. 혹은 눈썹이 너무 촘촘하지 않고, 눈이 청수하며 氣가 약간 맑으면 선비가 된다. … 눈썹이 높고 수려하면 권위가 있고 祿이 후하며, 눈썹 털이 길게 늘어지면 장수를 의심할 것이 없으며, 눈썹의 빛이 광택이 있으면 벼슬을 구하여 얻기가 쉽다.

眉中黑子者, 聰貴而賢, 眉高居頭中者, 大貴, … 訣曰: 眉長過目, 忠直有祿, … 眉毛細起, 不賢則貴, 眉角入髮, 爲人聰俊.126)

눈썹 속에 검은 점이 있으면 총명하고 귀하며 현명하다. 눈썹이 높아서 이마 가운데 있다면 대귀하게 된다. … 결에서 말하기를: 눈썹이 길어 눈을 지나면 충직하고 관록이 있고, … 눈썹 털이 가늘게 일어서면 현명하지 않으며 귀하고, 눈썹 끝이 鬢髮에 들어가면 총명하고 준수하다.

若眉細長稀疎正平, 有彩者貴. 黑濃籠無光者不貴.127)

눈썹이 가늘고 길고 드물고 성기며 단정하고 가지런하고 광채가 있으면 貴하며, 검고 진하고 거칠고 광택이 없으면 貴하지 않다.

또한 눈썹은 눈을 덮어주는 지붕과 같은 의미로, 눈썹을 보고서 貧富와 건강을 파악하고 눈썹 털의 형태와 강약으로 그 사람의

---

126) 麻衣相士, 앞의 책; 陳希夷, 앞의 책; 王朴 撰, 『太淸神鑑』.
127) 作者未詳, 『月波洞中記』「眉限四年」 四庫全書(文淵閣)·子部·術數類.

기질을 파악하기도 한다.

且眉過眼者富貴, 短不覆眼者乏財. 壓眼者窮逼, … 眉頭交
者는 貧薄妨兄弟. 眉逆生者, 不良妨妻子, … 眉上多直理者
富貴, 眉上多橫者貧苦.

눈썹이 눈보다 길면 부귀를 누리고, 짧아서 눈을 다 덮지
못하면 재물이 궁핍하게 되고, 눈을 압박하는 것 같으면
궁핍하게 된다. … 눈썹머리가 교차되면 가난하고 박복하
여 형제에게 해롭게 된다. … 눈썹 위에 곧게 솟은 骨氣가
있는 사람은 부귀를 누리고, 눈썹 위에 가로로 주름이 많
으면 가난하고 고달프다.

昂者氣剛, 卓而堅者性豪, 眉垂下者性懦, … 眉骨稜起者, 凶
惡多滯, … 眉上有缺者는 多姦計, 薄如無者, 多狡佞.

눈썹 끝이 위로 올라가면 氣가 강직하고, 눈썹이 곧추 서
있으면 성정이 호걸스럽고, 눈썹 끝이 눈 아래로 늘어지면
우유부단하다. … 미릉골이 솟은 자는 흉악하고 막히는 것
이 많으며, 눈썹에 결함이 있으면 간교함이 많다. 눈썹이
엷어서 마치 없는 것 같으면 교활하고 아첨을 잘 한다.

눈썹과 六曜와의 관계를 설명한 내용이다.

雙眉爲羅計星, 欲疏而秀, 平而闊, 直而長, 過目, 豊富. …
眉是人倫紫氣星, 稜高疏淡秀兼淸, 一生名譽居人上, 食祿榮
家有政聲.128)

두 눈썹은 羅計星으로서 성기면서도 수려하고 평평하면서
도 넓으며, 윤기가 나며, 곧으면서도 길어야 하고, 눈을 지
나고 풍만하여야 한다. … 눈썹은 인륜의 紫氣星이다. 稜
이 높고 성기며 청수하면 일생 동안 명예로워 남의 위에
있게 되고, 녹을 받고 가문에 영화를 주는 善政으로 소문
난 명성이 있게 된다.

詩曰: 眉是人倫紫氣星, 稜高疎淡秀兼淸, 一生名譽居人上,
　　　食祿榮家有盛名. 眉濃髮厚人多賤, 眉逆毛粗不可論.
　　　若有長豪過九十, 愁容短促少田園.

눈썹은 인륜의 자기성이 되니,
미릉골이 높고 눈썹 털이 성근 듯 담담하여
수려하고 맑아야 하네,
일생의 명예가 모든 사람보다 위에 있고,
식록이 너그럽고 가정에 영화가 있으며
이름을 드날리게 된다네.
눈썹이 너무 짙고 머리카락이 숱이 많으면 천한 사람이 많고,
눈썹이 거슬러 나고 거칠다면 논할 가치도 없네.
만약 눈썹 속에서 긴 털이 나면 90세를 지나고,
근심스러운 얼굴을 하면 기가 단촉하고 재물이 적게 된다.

---

128) 陳希夷, 앞의 책, 「相眉」.

- 눈썹의 종류

용미(龍眉)

신월미(新月眉)

와잠미(臥蠶眉)

검미(劍眉)

호미(虎眉)

청수미(淸秀眉)

사자미(獅子眉)

유엽미(柳葉眉)

단축수미(短促秀眉)

일자미(一字眉)

교가미(交加眉)

소산미(疏散眉)

첨도미(尖刀眉)

귀미(鬼眉)

선라미(旋螺眉)

파사미(婆娑眉)

소추미(掃帚眉)

나한미(羅漢眉)

3. 鬚

鬚有多寡, 取其與眉相稱. 多者, 宜清·宜疏·宜縮·宜參差不齊;
少者, 宜健·宜光·宜圓·宜有情照顧.
捲如螺紋, 聰明豁達; 長如解索, 風流榮顯; 勁如張戟, 位高權重;
亮若銀條, 蚤登廊廟: 皆官途大器.
紫鬚劍眉, 聲音洪壯; 蓬然虯亂, 嘗見耳後. 配以神骨淸奇, 不千里
封侯, 亦十年拜相.
他如 '輔鬚先長終不利'·'人中不見一世窮'·'鼻毛接鬚多晦滯'·
'短髭遮口餓終身', 此其顯可見耳.

鬚(수)

사람의 수염은 많은 경우도 있고 적은 경우도 있는데 눈썹과 서
로 걸맞은 것을 취한다. 많은 경우에는 맑고 깨끗해야 하며, 성
글어서 소통되어야 하며, 갈무리되어 길이가 가지런하지 않고
똑같지 않아야 한다.
적은 경우에는 건강해야 하고 윤택한 광채가 있어야 하며, 원활
해야 하고 다른 부위와 유정하여 서로 비추어 돌보아야 한다.
수염이 소용돌이치듯 돌돌 말려 소라껍질 무늬 같으면 총명하
고 활달하며, 길어서 노끈을 풀어 놓은 것 같으면 풍류를 좋아
하고 영달하여 명성이 드러나며, 굳세고 날카롭기가 戟(극)을

펼친 것 같으면 지위가 높고 권세가 중하며, 밝고 선명하기가 銀條(금조)와 같으면 일찍 廊廟(랑묘)에 올라 모두 벼슬길에 큰 그릇이 된다.

자색 수염과 수려하고 긴 검 같은 눈썹에 음성이 크고 씩씩하며, 바람에 날리는 쑥대 같고 虯龍(규룡)처럼 구불구불한 수염이 때에 따라 귀 뒤에 보이고, 정신과 골격이 청아하고 기이함으로써 배합하면 천 리의 땅에 제후로 봉해지지 않으면 또한 10년 동안 재상에 임명될 것이다.

그 밖에 만일 보좌하는 수염이 주된 수염보다 먼저 자라면 마침내 불리하며, 인중에 수염이 보이지 않으면 한 평생 빈궁하며, 코털이 턱 수염과 연접하면 어둡고 막히는 일이 많으며, 짧아야 할 코밑수염이 입을 가리면 종신토록 굶주리게 되는 것이니, 이러한 것들은 모두 드러나서 쉽게 볼 수 있는 것일 뿐이다.

해 설

1) 수 염

초목으로서의 수염은 木에 해당하여 생명력의 표징이며, 입 위
나 턱의 수염은 腎에 속하여 水에 소속되어 있으므로 아래로 흘
러가는 형상을 하게 된다. 상학에서는 산림이라고도 말하는데
이는 흙에 뿌리를 두고 자라고 있다는 뜻을 가진다.

『神相全編』의 수염에 대한 설명이다.

> 上爲祿, 下爲官, 寧可有祿而無官, 莫教有官而無祿. 有祿無
> 官主富, 有福, 有壽, 有官, 無祿, 貧賤財散人離, 縱有五官,
> 亦主貧寒, 邰有壽, 若官祿雙全, 五福俱全之相. 鬚拳髮捲,
> 可作貧窮之漢, 則爲弓兵祇候, 死凶之相也.[129]

윗수염은 녹이고 아랫수염은 벼슬이다. 벼슬은 없더라도
녹은 있어야 하고, 벼슬이 있고 녹이 없어서는 안 된다. 녹
이 있으나 벼슬이 없으면 부유하고 복이 있고 장수하지만,

---

129) 陳希夷, 앞의 책, 「論 髭髯」.

벼슬이 있고 녹이 없으면 가난하고 천하여 재산이 흩어지
고 이별이 있다. 설사 五官이 있어도 빈한하고, 다만 장수
는 누릴 수 있으며, 만약 벼슬과 녹이 함께 완전하다면 오
복이 갖추어진 상이다. 수염과 머리털이 곱슬곱슬하다면
빈궁한 상이며, 병장기를 들고 척후로 되어 흉하게 죽을
상이다.

생명력의 표징인 수염은 검은빛이 나면서 수려하고 맑으면 윤
택해야 한다. 수염은 나는 부위에 따라 이름이 달라진다. 입술
위에 수염이 나면 髭라고 하고, 입술 아래의 수염은 鬚라고 하
며, 아래턱에 생기는 수염은 䯔이라 하고, 辰兌 부위에 난 수염
은 鬍라고 한다. 입술 위에 수염이 난 것을 식록으로 보고 아랫
수염은 관록으로 보는 것이다.

『玉管照神局』에서는 수염의 濃淡에 대하여 설명하였다.

> 且如鬚有濃淡, 有高低 貴人鬚淸, 小人鬚濃 鬚黑潤者富貴,
> 焦枯者孤貧. 有屈曲·斜直·長短·疎密, 一髮一鬚若不似, 便
> 是他人也.[130]

鬚에는 濃淡이 있고, 높고 낮음이 있으니 귀인의 鬚髥는
맑고 농밀하지 않으며 소인의 鬚髥는 진하고 촘촘하다. 수
염이 검고 윤택하면 부귀하고 그을린 듯 메마르면 고독하
고 가난하다. 수염은 오그라진 것과 굽은 것, 기울어진 것

---

130) 宋齋邱 輯,『玉管照神局』四庫全書(文淵閣)·子部·術數類.

과 곧은 것, 긴 것과 짧은 것, 성긴 것과 치밀한 것이 있으
니 하나의 두발과 하나의 수염이 만약 그의 성격과 같지
않으면 그것은 他人인 것이다.

인중과 수염은 어떤 관계일까?
인중에 수염이 나지 않는다는 것은 물길에 풀이 자라지 못하는
것과 같아서 건강과 재물에 문제가 생긴다.

> 鬚歇其中主財聚散不常, 鬚亂逆旋其中主蹉跎, 鬚密其中末年
> 財旺.[131]

人中에 수염이 없으면 재물의 모이고 흩어짐이 일정치 않
으며, 人中에 수염이 어지럽게 거슬려 나거나 곱슬하게 나
면 주로 기회를 놓치고 뜻을 이루지 못하며, 人中에 수염
이 촘촘하게 나면 말년에 재물이 흥왕하다.

> 髭鬚黑而淸秀者, 貴而富, 滋潤者, 發福, 乾燥者, 寒滯. 勁直
> 者, 性剛, 不住財, 柔者, 性柔. 赤者, 孤剋, 又曰: 捲髮赤鬚
> 貧困路途, 黑而光澤富貴無虧.[132]

수염이 검으면서도 청수하면 귀하고 부유하며, 수염이 윤
택하면 복이 있고, 메마르면 막힌다. 수염이 강하게 뻣뻣
하면 성격이 강하고 재물이 머물지 않으며, 수염이 부드러
운 자는 성격이 부드러우며, 붉은 자는 외롭고 상극한다.
또한 말하기를 곱슬머리에 붉은 수염이면 가난하고 수고

---

131) 張行簡等 撰, 『人倫大統賦』 四庫全書(文淵閣)·子部·術數類.
132) 陳希夷, 『神相全編』 「相 髭鬚」 古今圖書集成 本.

로운 길을 가며, 수염이 검고 광택이 있으면 부귀하고 부
족함이 없다.

수염과 구레나룻, 머리털과 눈썹의 털이 잘 배합되어 어울려 있
고, 이것이 소통이 잘 되어 있으면서 윤택하면 적을 만나도 그
를 잘 살펴주는 군자이며, 수염과 머리털과 눈썹이 알맞지 못하
면 고생할 일이 많으며, 녹록한 일만 당하고 성공도 없을 뿐 아
니라 슬프게 될 것이다.

第六章

聲音

1. 聲音

人之聲音, 猶天地之氣, 輕淸上浮, 重濁下墜. 始於丹田, 發
於喉, 轉於舌, 辨於齒, 出於脣, 實與五音相配. 取其自成一
家, 不必一一合調, 聞聲相思, 其人斯在, 寧必一見決英雄哉!

聲音(성음)

사람의 목소리는 天地(천지)의 氣(기)와 같아서 가볍고 맑으면
위로 뜨고 무겁고 탁하면 아래로 떨어진다. 聲音(성음)은 丹田
(단전)에서 시작하여 목구멍에서 소리를 내고, 혀에서 변화되고,
이에서 청탁이 분별되어, 입술을 통하여 밖으로 나오는 것이니
실제로 五音(오음)과 서로 배합된다.

聲音(성음)은 스스로 하나의 독자적인 체계를 이루는데, 반드시
일일이 五音(오음)과 부합되지 않으므로 소리만 듣고서 서로를

생각한다면, 그러한 사람만이 존재할 뿐이니, 어찌 반드시 한 번 보아서 뛰어난 인물인지를 결정할 수 있겠는가.

2. 聲

聲與音不同, 聲主張, 尋發處見; 音主斂, 尋歇處見.

辨聲之法, 必辨喜怒哀樂; 喜如折竹當風, 怒如陰雷起地, 哀如石擊薄氷, 樂如雪舞風前, 大槩以輕淸爲上.

聲雄者, 如鐘則貴, 如鑼則賤; 聲雌者, 如雉鳴則貴, 如蛙鳴則賤.

遠聽聲雄, 近聽悠揚, 起若乘風, 止若拍瑟, 土上. '大言不張脣, 細言若無齒', 上也.

出而不返, 荒郊牛鳴; 急而不達, 深夜鼠嚼. 或字句相聯, 喋喋利口; 或齒喉隔斷, 嘈嘈混談; 市井之夫, 何足比數.

聲(성)

聲(성)과 音(음)은 똑같지 않으니, 聲(성)은 펼치는 것을 주관하므로 소리가 발생하는 곳을 따라 나타나고, 音(음)은 수렴하는 것을 주관하므로 소리가 멈추는 곳을 따라 나타난다.

聲(성)을 분별하는 법은 반드시 희로애락을 표현하는 상태를 분별해야 하니, 기뻐하는 소리는 바람을 만나 대나무가 꺾일 때 나는 소리 같으며, 분노하는 소리는 흐린 날 평지에서 우레 소리가 일어나는 것 같으며, 슬퍼하는 소리는 돌로 엷은 얼음을 격파하는 것 같으며, 즐거워하는 소리는 바람 앞에서 춤을 추듯이 날리는 것 같으니, 대체로 가볍고 맑은 것을 으뜸으로 여긴다. 소리가 웅장한 경우 종소리와 같으면 고귀하고 바라 소리와 같으면 비천하며, 소리가 雌弱(자약)한 경우 꿩 울음소리 같으면 고귀하고 개구리 울음소리 같으면 비천하다.

먼 곳에서 들으면 소리가 웅장 강건하고, 가까이에서 들으면 소리가 부드럽고 먼 데서 들려오는 듯하며, 소리가 시작될 때에는 바람을 타고 날아 움직이는 것과 같고, 소리가 멈출 때에는 거문고 박자 맞추듯 하는 것이 최상의 소리이며, 큰 소리로 말할 때 입술을 크게 벌리지 않고, 작은 소리로 말할 때 이가 없는 듯 하는 것이 최상의 소리이다.

나가서 돌아오지 않아서 거친 들판의 소 울음소리 같거나, 급하고 절박하여 소리가 발달하지 못해서 깊은 밤에 쥐가 훔쳐 먹을 때 내는 소리 같으며, 혹 字句(자구)가 서로 잇닿아서 재잘재잘 말을 잘하지만 알맹이가 없거나, 혹은 이와 목구멍 사이가 멀리 떨어져서 개개하여 말이 뒤섞이면 市井(시정)의 필부이니 어찌 비교하여 헤아릴 만하겠는가.

3. 音

音者, 聲之餘也. 與聲相去不遠, 此則從細處曲中見直.

貧賤者有聲無音, 尖巧者有音無聲, 所謂 '禽無聲, 獸無音' 是也.

凡人說話是聲, 其散在左右前後是音. 開談若含情話, 終多餘響, 不惟雅人, 兼稱國士; 闊口無溢出, 尖舌無宛音, 不惟實厚, 兼獲名高.

音(음)

音(음)은 聲(성)의 여운이므로 聲(성)과 서로 간의 거리가 멀지 않으니, 이것은 곧 미세한 곳과 자세한 가운데로부터 듣게 된다. 빈천한 자는 聲(성)은 있으나 音(음)이 없으며 첨예하고 교묘한 자는 音(음)은 있으나 聲(성)이 없으니, 이른바 '새소리에는 聲(성)이 없고 짐승의 울음소리에는 音(음)이 없다'는 것이 이것이다. 보통 사람들이 말하는 것은 聲(성)이며, 그것이 전후좌우 흩어지는 것이 音(음)이다. 입을 열고 말할 때 만약 정을 담아 말하면 마침내 餘香(여향)이 많으니, 우아한 사람일 뿐 아니라 겸하여 저명한 인사로 일컬어지며; 넓은 입에 소리가 넘쳐 나옴이 없으며, 뾰족한 혀에 경박한 음이 없으면 진실하고 돈후할 뿐 아니라 겸하여 명성이 높아질 뿐이다.

해 설

聲音 또는 音聲이라고 하는데, 이는 발성기관에서 생기는 모든 음향을 말한다. 聲音에는 大小·長短·緩急·淸濁의 구별이 있다. 聲音을 하나로 보지만 聲과 音은 서로 다른 영역을 가지고 있다. 모든 일에는 시작과 끝이 있듯이 음성에도 시작과 끝이 있다. 聲 은 소리가 시작되는 것을 주관하고 音은 소리가 멈추는 것을 주 관하며, 또한 音은 聲의 나머지로 여운이라고 할 수 있다.

1) 聲音

상학에서는 "心이 동하는 것이 性이 되어, 神과 氣를 포괄하니 性이 發하는 것이 聲이다."[133]고 한다. 성음은 內在的인 神과 氣의 작용으로 외부로 발출되어 나타나기 때문에 본성이 드러 나는 것이다.

> 夫人之有聲, 如鐘鼓之響, 器大則聲宏, 器小則聲短. 神淸則
> 氣和, 氣和則聲潤, 深而圓暢也. 神濁則氣促, 氣促則聲焦,

---

133) "心動爲性, 包括 '神' 和 '氣' 性發爲聲", 曾國藩, 歐陽相如 解譯, 『氷鑑』, 239쪽.

急而輕嘶也. 貴人之聲 … 夫淸而圓, 堅而亮 … 長而有力,
勇而有節 … 小人之言 … 促急而不達, 何則急而嘶, 緩而澁,
深而滯淺而燥.134)

사람에게는 소리가 있는데 종이나 북의 울림과 같다. 그릇
이 크다면 소리가 우렁차고, 그릇이 작으면 소리가 짧다.
神이 맑으면 氣가 조화롭고, 氣가 和하면 소리가 원활하고
깊게 난다. 깊으면서도 원활하다면 막힘없이 통하는 것이
다. 神이 흐리면 氣가 단축하고, 氣가 단축하면 소리가 焦
急하면서도 가볍고 목쉰 소리가 난다. 貴人의 소리는 …
가볍고 원활하고 굳으면서도 우렁차고 … 길면서도 힘이
있으며 용감하면서 절도가 있다. … 小人의 말은 … 촉박
하여 통달하지 못하니 왜냐하면 급해서 목쉰 소리를 내고
느리게 더듬거리며, 깊어서 막히기도 하고 얕아서 초조해
하기도 한다.

人之性, 動於心而形於聲, 故聲者, 氣實藏之. 神淸氣和, 則
聲溫潤而圓暢也; 神濁氣促, 則聲焦急而輕嘶也.135)

사람의 성정은 마음에서 움직이고 음성에 드러나므로 음
성은 氣를 실제로 간직하고 있는 것이다. 神이 맑고 氣가
화평하면 음성이 온화하고 화창하며 神이 혼탁하고 氣가
다급하면 음성이 마르고 급하며 쉰 소리가 난다.

---

134) 陳希夷, 『神相全編』 「論聲」 古今圖書集成 本.
135) 王朴 撰, 『太淸神鑑』 「論聲」 四庫全書(文淵閣)·子部·術數類.

소리는 氣에 의지하는 것으로 형체가 없지만, 정신이 맑으면 氣가 조화를 이루어 소리도 깊게 울려나와 화창하며, 정신이 흐리면 氣가 잘 이어지지 않아 소리도 초조하고 급하여 가볍고 쉰 듯한 소리가 발생하게 되므로 그 사람의 마음상태를 알 수 있게 되는 것이다.

『人物志』에서는 언어에서 心氣의 징조를 알 수 있다고 하였다. 음성은 내적인 기운이 발현되는 것으로 그 사람의 마음이 밖으로 드러난 것과 같다. 또한 말은 마음의 상태를 나타내므로 마음이 어질면 느긋하고 마음이 좁으면 조급하다.

> 夫容之動, 作發乎心氣, 心氣之徵, 則聲變是也. 夫氣合成聲,
> 聲應律呂. 有和平之聲, 有清暢之聲, 有回衍之聲. 夫聲暢於
> 氣, 則實存貌色. …136)

그 용모의 움직임은 心氣에서 나오는 데 心氣의 증거는 음성의 변화가 그것이다. 그 氣가 모여 음성을 이루고 음성은 율려에 상응하여 화락하고 평온한 소리가 있으며, 맑고 화창한 소리가 있으며, 여운이 길게 늘어지는 소리가 있는 것이다. 그 음성이 心氣에서 펼쳐지면 心氣가 실제로 용모와 안색에 드러나 있게 된다. …

마음이 편안하고 넉넉하면 음성도 편안하고 여유로워 느긋하고 마음이 불안하면 음성도 이를 따라 불안하고 급해지며, 마음이

---

136) 劉邵, 劉昞 注, 『人物志』「九徵」, 四庫全書(文淵閣)·子部·雜家類.

기쁘면 음성도 명랑하다. 화가 나면 노한 음성이 나타나고, 음성이 날카로우면 마음도 날카롭고 음성이 부드러우면 마음도 부드럽다고 할 수 있다.

貴人之聲多出於丹田之中, 與聲氣相通, 混然而外達. 丹田者, 聲之根也, 舌端者, 聲之表也. 夫根深則表重, 根淺則表輕, 是知聲發於根而見於表也.[137]

귀한 사람의 음성은 丹田으로부터 나와 소리와 心과 氣가 서로 통하여 합해져서 밖으로 전달된다. 丹田은 소리의 根本이고 혀끝은 소리의 表이다. 근본이 깊으면 소리가 중후하고, 근본이 얕으면 소리도 가볍다. 이 때문에 소리는 근본에서 시작되어 겉에 나타나게 된다.

음성은 丹田에서 시작하여 목구멍에서 소리를 내고, 혀에서 변화되고, 치아에서 淸濁이 분별되어, 입술을 통하여 밖으로 나오게 된다. 음성을 내는 발성기관은 성대를 포함하여 구강구조·인후·치아·혀·입·입술 등 많은 부위가 작용을 한다. 사람의 얼굴이 같은 상이 없듯이 발성기관 역시 각각 다른 형상을 지니고 있으며, 또한 內氣의 淸·濁·厚·薄 등이 다르기 때문에 음성이 같을 수는 없다. 따라서 음성을 알면 그 사람을 파악할 수 있게 된다. 이들 기관의 아주 미세한 형태와 작은 상황의 차이로 드러나는 각기 다른 음성은 큰 차이로 나타나게 된다.

---

137) 麻衣相士, 앞의 책, 「論聲」; 陳希夷, 앞의 책, 「論聲」.

夫淸而圓, 堅而亮, 緩而烈, 急而和, 長而有力, 勇而有節. 大如洪鐘騰, 韻鼉鼓振音, 小如玉水流鳴, 琴徽奏曲. 見其色則粹, 然而後動, 與其言久而後應, 皆貴人之相也.

음성이 맑고 원만하며, 굵으면서 우렁차고, 느슨하면서도 강함이 있으며, 급하지만 온화하고, 오래 말해도 끝까지 힘이 있으며, 용맹스러우면서 절도가 있다. 음성이 크다면 범종처럼 울리는 것 같고, 큰북이 울리는 것과 같다. 목소리가 작다면 옥수가 흐르는 것 같고 거문고 연주하는 것과 같다. 그 음색이 순수하면서도 뒤에 감응이 있고, 오랫동안 말을 한 후에도 처음과 같으면 모두 귀인의 상이다.

小人之言, 皆發舌端之上, 促急而不達. 何則急而嘶, 緩而澁, 深而滯, 淺而燥大. 大則散, 散則破, 或輕重不均, 嘹亮無節, 或睢眦而暴, 繁亂而浮, 或如破鐘之響, … 皆賤薄之相也

소인들의 말은 모두 혀끝에서 시작되고 급박하여 전달되지 못한다. 급하면서 목쉰 소리가 나고 느리면서도 거칠고, 깊으면서도 막히고 얕으면서도 메마르다. 크면 흩어지고 흩어지면 파손된다. 어떤 자는 경중이 불균하여 우렁차지만 절제가 없고, 어떤 자는 흘겨보면서 난폭하고 어지럽고도 들떠 있으며, 어떤 자는 깨진 꽹과리소리에 째진 북소리를 낸다, … 모두 천박한 상이다.

귀인의 소리는 丹田에서부터 나오게 되므로 그 소리가 중후하면서도 맑으며 울림이 있고, 소인의 소리는 혀끝에서 나오게 되므로 그 소리가 가벼우면서 초조하고 조급하여 전달이 잘 되지 않는다.

사람에게는 상단전, 중단전, 하단전의 소리가 있다.

하단전의 소리는 그 뿌리가 너무 깊어서 그 표면이 아주 무겁고, 그 사람의 심중은 화합이 되어서 음성이 윤택하고 원만하고 화청하게 느껴진다. 이러한 경우 이런 사람은 총명하고 통달한 선비가 될 것이며, 현재 부귀를 누리고 있는 사람으로 貴人의 음성이다.

중단전의 소리는 그 뿌리가 얕고 표현이 미미하며, 가볍고 무거운 것이 조화롭지 못하다. 이러한 경우 성공도 하지만 실패도 하며, 처음에는 비곤했다면 뒤에는 부유하게 되고, 만약 처음에 부자였다면 뒤에는 가난하게 되기도 한다.

상단전의 소리는 혀끝에서 소리가 나는 것과 같아 기운은 너무 급박하고 촉박하여 화합하지 못하고, 음성이 건조하며 축축하고 습기도 많지만 서로 조절되지 못한다. 이러한 경우 고생이 많고 애환이 많으며 가난하고 천한 일을 하게 된다.

또한 남자와 여자의 음성에 대하여서는 다음과 같이 설명한다.

男有女聲, 單貧賤, 女有男聲, 亦妨害, 然身大而聲小者凶.
或乾燥而不齊, 謂之羅網聲, 大小不均謂之雌雄聲. 或先遲而
後急, 或先急而後遲, 或聲未止而氣先絶, 或心未擧而色先變,
皆賤之相也.[138]

---

138) 麻衣相士, 앞의 책, 「論聲」; 陳希夷, 앞의 책, 「論聲」.

남자가 여자의 음성이면 외롭고 빈천하며, 여자가 남성의 음성이면 또한 해로우며, 몸은 큰데 목소리가 작으면 흉하다. 메마르고 건조한 것같이 가지런하지 못한 것을 羅網聲[139])이라 하고, 소리의 크고 작음이 일정하지 않으면 雌雄聲이라 한다. 혹은 먼저는 느리며 갈수록 빨라지거나, 처음에는 급하다가 뒤로 갈수록 길게 늘어지거나, 혹은 음성이 멈추기 전에 호흡이 먼저 끊어지거나, 음성이 나오기 전에 안색이 먼저 변하는 것은 모두 천한 상이다.

음성은 그 사람의 內氣를 나타내는 것으로 마음이 움직여가는 것이 性이 되고, 神과 氣를 합하니 性이 발하는 것이 聲이 된다. 神은 안에서 다스려지고 氣는 밖에서 조화를 이룬 후에 사물과 접하게 되는데, 神과 氣가 조화롭다면 대화를 하는 데 선후의 차례가 있는 것이 어렵지 않고 논리가 정연하며 안색 또한 변하지 않을 것이다. 만약 神이 불안하고 氣가 조화롭지 못하다면 말의 두서를 찾지 못하고 안색이 어지러워진다.

다음은 「許負聽聲篇」[140])에서 聲音에 대하여 논한 내용이다.

> 聲小亮高賢貴之極, 語聲細嫩, 必主貧寒, 兼須危困, 女人雄聲終身不榮, 良人早殞, 虛有夫名. 男子雌聲, 妨婦多兒. 女聲急切, 妨夫一絶 … 曰: 貧賤不離脣舌上, 一生奔走不堪言. 聲大無形, 托氣而發, 賤者浮濁, 貴者淸趣. 太柔則靡, 太剛

---

139) 사방이 막혀 있는 음성.
140) 陳希夷, 앞의 책, 「許負聽聲篇」.

則折, 隔山相聞, 圓長不缺, 斯乃貴人, 遠見風格.

소리가 작으면서도 우렁차면 현명하고 귀함이 지극하며, 말소리가 가늘고 여리면 반드시 빈한하고 겸하여 위태롭고 곤궁하다. 여인의 목소리가 남자 같으면 종신토록 영화롭지 못하고 남편이 일찍 죽게 되며, 헛되이 남편의 이름만 있게 된다. 남자가 여성의 소리를 내면 부인을 방해하고 자식도 많다. 여자의 소리가 급히 끊어지면 남편을 해치고 모든 것이 단절된다. … 말하기를 빈천한 자의 목소리는 입술과 혀끝에서 울리고 일생 동안 분주하니 말로 다 할 수 없다. 음성은 크지만 형체가 없으니 氣에 의탁하여 나오며, 천한 사람의 소리는 들뜨고 탁하며, 귀한 사람의 소리는 맑고 높다. 음성이 너무 나약하면 겁이 많고, 너무 강건하면 꺾이게 된다. 산을 넘어 음성이 들리고 원활하고 긴 것이 모자람이 없다면, 실로 귀인이고 그 풍모와 절개가 멀리서도 나타난다.

2) 오행과 오음·궁상각치우

사람에게 오행의 형상이 있다면 음성 역시 오행의 음성이 있다. "五行이 흩어져서 만물을 이루고, 인간은 만물의 위에 생겨났다. 소리 또한 그 五音을 분별하는 것이다."[141]라고 하였고, 五音에 대하여 다음과 같이 설명한다.

---

141) "五行散而爲萬物, 人生萬物之上, 聲亦辨其五音", 陳希夷, 앞의 책, 「論五音」.

木音嘹喨高暢, 激越而和, 火音焦烈燥怒, 如火烈之聲, 金音
和而不戾, 潤而不枯, 如調簧奏曲, 玉磬流音, 水音圓而清,
急而暢感條達之間也. 與形相養相生者, 吉, 與形相剋相犯者,
凶. 清吟如澗中流水者極貴, 發聲溜亮, 自覺如甕中之響者,
主五福全備之人也.[142]

木音은 맑고 멀리까지 울리며 높고 막힘이 없으며 격앙되
면서도 조화로운 음성이다. 火音은 조급하면서도 기세가
강하며 초조한 듯 노한 음성으로 마치 열화가 타오르는 듯
하다. 金音은 온화하여 사납지 않고 윤기가 있어서 메마르
지 않은 음성으로 마치 생황 소리를 조화하여 연주하는
듯, 옥경 소리가 흐르는 듯하다. 水音은 둥글고 맑으며 급
하면서도 막힘이 없으며 느끼고 통함이 섞여 있는 음성이
다. 형상과 서로 기르고 서로 생하는 것은 吉하지만, 형상
과 서로 극하고 서로 침범하게 되면 凶하다. 시냇물이 흐
르듯 맑은 소리가 나면 매우 귀하고, 발성이 맑고도 밝으
며 스스로 항아리에서 울리는 음성 같다고 여겨지면 五福
을 모두 갖춘 사람이다.

五音은 五行과 상응하고 다시 또 宮商角徵羽에 배합하고 음양
으로 구분하여 길흉을 판단한다.[143]

宮聲之善者, 能嚨嚨以和平, 其不善者濁紛紛而痿弊, 商聲之

---

142) 陳希夷, 앞의 책, 「論五音」.
143) 張行簡等 撰, 『人倫大統賦』 四庫全書(文淵閣)·子部·術數類.

善者, 韻鎗鎗以欸鳴, 其不善者碎漱漱而無緒. 角聲之善者, 韻嗷嗷而調直, 其不善者, 動扎扎而寥落. 徵聲之善者, 逸遙遙而流烈, 其不善者, 紆拂拂而散慢. 羽聲之善者, 響嚶嚶而遠徹, 其不善者, 淺屑屑而稍折.

宮聲의 좋은 음성은 金玉이 부딪치는 소리같이 화평하고, 좋지 않은 음성은 탁하고 어수선하여 위축된 소리 같으며, 商聲의 좋은 음성은 종소리같이 쟁쟁하여 다정하게 울리고, 좋지 않은 음성은 가늘게 부서지고 늘어져 일정한 계통이 없으며, 角聲의 좋은 음성은 소리가 성대하여 고르고 곧으며, 좋지 않은 음성은 베 짜는 소리를 내서 거칠고 쓸쓸하며, 徵聲의 좋은 음성은 퍼져 나가는 것이 멀리까지 흐름이 강하며, 좋지 않은 음성은 소리가 얽히고 떨려서 산만하며, 羽聲의 좋은 음성은 벌레 울음소리와 같이 멀리까지 밝게 들리며 좋지 않은 음성은 얕고 희미하여 조금씩 끊어진다.

角聲(木)은 봄의 완만한 소리로 원만히 길고 밝게 통하는 소고 소리와 같고, 徵聲(火) 여름의 흩어지는 소리로 높낮이가 있으면서 흐름이 순조로우며 꽹과리 소리와 같고, 宮聲(土) 장하의 소리로 돈후하고 깊이 울리는 북소리와 같고, 商聲(金)은 가을의 소리로 굳세고 넓으며 징 소리와 같고, 羽聲(水) 겨울의 소리로 부드럽고 낮게 끌리는 장구 소리와 같다. 오음을 구별할 줄 알면 다음으로 各 音의 좋은 소리와 좋지 않은 소리를 구분하여 판단한다.

隔壁聽聲, 如覩其貌, 則可辨吉凶, 知其性靈者焉. 此乃測察
之, 纖微占卜之幽隱也. 若能沉心潛慮, 始可超此途中, 情意
飛揚, 物務不淨者, 學難成也.

벽을 사이에 두고 음성을 들어서, 그의 모습을 직접 보듯
한다면, 吉凶을 분별할 수 있어서 그의 性靈을 알 것이다.
이것은 곧 헤아려 살피기를 섬세하게 하여 깊이 숨어 음미
한 것을 점치는 것이다. 만일 마음과 생각을 깊이 가라앉
힐 수 있으면 비로소 이 길속을 뛰어넘어 情意가 飛揚할
수 있을 것이니 外物에 힘써서 심사가 淸淨하지 않은 자는
배움을 이루기 어렵다.

五音에 관한 詩를 소개한다.

詩曰: 木聲高唱火聲焦, 和潤金聲最富饒, 土語却如深甕裡,
　　　水聲圓急又飄飄, 貴人音韻出丹田, 氣實喉寬響又堅.[144]

木聲은 높게 울리고 火聲은 조급하며,
온화 윤택한 金聲은 부유하네.
土聲은 깊은 항아리 속에서 나오는 듯,
水聲은 원활하면서도 급하며 여운이 회오리바람 같다네.
귀인의 소리는 丹田에서 나오며,
氣가 충실하고 후두가 넓어 울림 또한 견실하네.

---

144) 陳希夷, 앞의 책, 「許負聽聲篇」.

『靈山秘葉』[145]에서는 음성을 듣고 사람을 파악하는 방법에 대하여 다음과 같이 말하고 있다.

察其聲氣, 而測其度, 視其聲華, 而別其質,
聽其聲勢, 而觀其力, 考其聲情, 而推其徵.

소리의 氣를 살펴서 그 도량을 헤아리고,
소리의 색채를 보고서 그 質을 분별하며,
소리의 세력을 듣고서 그 힘을 관찰하고,
소리의 情을 헤아려서 그 조짐을 추측한다.

아름다운 聲의 특징은 情을 담고 있으며, 아름다운 音의 특징은 여운으로 마음의 情을 담아서 말을 하게 되면 가장 아름다운 聲과 音이 된다고 할 수 있다.

사람을 살필 때는 귀로 음성을 듣고 눈으로 형체를 보며 마음속으로 살펴야 한다. 상등급의 관상가는 음성을 듣고, 중등급의 관상가는 氣色을 분별하고, 하등급의 관상가는 骨法을 본다는 말이 있다. 상을 볼 때에 각 부위를 자세히 살펴서 판단하면 百에 하나도 실수가 없을 것이다.

음성은 상학의 길로 들어가는 큰 관문의 하나로 아주 중요한 위치를 차지한다. 이를 잘 살펴서 분별하고 판단한다면 사람의 마음을 헤아려 그 마음이 참된지, 진실한지를 깨달아 얻을 수가 있다.

---

145) 曾國藩, 歐陽相如 解譯, 『水鑑』「聲音」, 252쪽.

第七章
氣色

1. 氣色

面部如命, 氣色如運, 大命固宜整齊, 小運亦當亨泰.
是故光焰不發, 珠玉與瓦礫同觀; 藻繪未揚, 明光與布葛齊價.
大者主一生禍福, 小者亦三月吉凶.

氣色(기색)

얼굴은 命(명)과 같고 기색은 運(운)과 같으니, 大命(대명)은 진실로 마땅히 가지런히 균형을 이루어야 하고, 小運(소운)도 마땅히 형통하고 편안해야 한다.
그러므로 光焰(광염)이 발하지 않으면 진주나 보옥도 기와조각이나 자갈과 똑같이 보게 되고, 藻繪(조회)가 드러나지 않으면 밝고 빛나는 고급옷감도 베옷과 똑같은 값으로 보게 되며, 큰 것[146]은 일생의 禍(화)와 福(복)을 주관하고, 작은 것[147]도 석 달의 길과 흉을 주관한다.

2. 氣色的 類型

人以氣爲主, 於內爲精神, 於外爲氣色. 有終身之氣色, '少淡·
長明·壯艶·老素' 是也. 有一年之氣色, '春青·夏綠·秋黃·
冬白' 是也. 有一月之氣色, '朔後·森發·望後·隱躍' 是也.
有一日之氣色, '早青·晝滿·晩停·暮靜' 是也.

氣色的 類型(기색의 유형)

사람은 氣(기)를 주재로 삼는데, 안에서는 精神(정신)이 되고 밖
에서는 氣色(기색)이 된다. 평생 동안의 氣色(기색)이 있으니 소
년기에는 담백한 기색, 청년기에는 밝은 기색, 장년기에는 곱고
아름다운 기색, 노년기에는 순박한 기색이 그것이다. 일 년 동
안의 氣色(기색)이 있으니 봄에는 청색, 여름에는 녹색, 가을에
는 황색, 겨울에는 백색이 그것이다. 한 달 동안의 氣色(기색)이
있으니 초하루 이후에는 수목이 무성하게 발달하는 형상이 있
고, 보름 후에는 숨은 듯 나타나는 듯이 하는 형상이 있는 것이
그것이다. 하루의 氣色(기색)이 있으니 이른 새벽에는 靑氣(청
기)[148]가 있고, 한낮에는 충만한 기색이 있고, 해 질 무렵에는
정지된 기색이 있고, 밤에는 안정된 기색이 있는 것이 그것이다.

---

146) 命.
147) 運.
148) 생동하는 기운.

해 설

1) 神·氣·色

『麻衣相法』「論氣」에서는 "형체는 바탕으로 氣는 바탕을 충실하게 해주고, 바탕은 氣로 인해 커지며, 神이 완전하면 氣가 너그러워지고, 神이 편안하면 氣가 고요해진다. ⋯ 그 氣의 얕고 깊음을 보고, 그 色의 조급함과 안정됨을 살피면 군자와 소인을 구분할 수 있다."[149]고 한다.

氣가 너그럽고 안정되어야 사람의 성정도 부드럽고 편안하고, 氣가 조급하고 메마르면 사람의 성정 역시 사납고 초조하게 된다.

氣에 관한 詩를 소개한다.

> 詩曰: 氣乃形之本, 察之見賢愚, 小人多急躁, 君子則寬舒,
>   暴戾災相及, 深沈福有餘.[150]

> 氣는 형체의 근본이며,

---

149) "夫形者質也, 氣所以充乎質, 質因氣而宏, 神完則氣寬, 神安則氣靜. ⋯ 視其氣之淺深, 察其色之躁靜, 則君子小人辨矣", 麻衣相士, 앞의 책, 「論氣」.
150) 麻衣相士, 위의 책, 「論氣」.

그것을 살펴보면 어질고 어리석음을 알 수 있다.
소인의 氣는 대부분 조급하고
군자의 氣는 너그럽고 편안하다.
氣가 포악하고 사나우면 재화가 미치고,
氣가 깊이 잠겨 안정되면 복이 넉넉하다.

이러한 氣는 色으로 드러나게 된다. 氣色은 氣와 色을 합한 명칭으로, 氣는 無形, 無體, 無色, 無味이지만 생명의 원동력 또는 생명력이며, 色은 그 氣가 뿜어져 나오는 빛이다. 氣는 피부 안에 있고, 色은 氣가 밖으로 나타난 것이다. 사람 얼굴 위에 떠 노는 것을 氣라고 하며, 그 바깥 표면에서 환하게 나타나는 빛을 色이라고 한다. 氣는 色의 뿌리가 되고, 色은 氣의 싹이 된다. 陳希夷는 「風鑑」에서 神·氣·色에 대하여 다음과 같이 설명한다.

人之生也, 受氣於水, 稟形於火. 水則爲精爲志, 火則爲神爲心. 精合而後神生, 神生而後形全, 形全而後色具. 是知顯於外者謂之形, 生於心者謂之神, 在於血肉者謂之氣, 在於皮膚者謂之色.[151]

사람이 生할 때에 水에서 氣를 받고, 火에서 形을 받으니 水는 精과 志가 되고 火는 神과 心이 된다. 精이 서로 결합한 뒤에 神이 생성되고, 神이 생성된 뒤에 形이 갖추어지며, 形이 갖추어진 뒤에 色이 구비된다. 이에 밖으로 드러난 것을 形이라 하고, 마음에서 생성된 것을 神이라 하며, 血

---

151) 宋齋邱 輯, 『玉管照神局』 「陳摶先生: 風鑑」; 陳希夷, 『神相全編』.

肉에 있는 것을 氣라 하고, 피부에 있는 것은 色이라 한다.

精 → 神 → 形 → 色의 순으로 형상이 갖추어지는데, 형상은 외형으로 드러나고, 神은 마음의 상태이며, 氣는 혈육에 있는데 精에서 氣를 받으므로 精은 血이 되며 七情에 의해 色은 피부에서 나타나게 된다.

『麻衣相法』「論氣」에서는 氣와 色의 관계를 "흙 속에 묻힌 玉이 산을 빛내고, 모래 속에 묻힌 金이 시내를 아름답게 하는 것처럼, 이는 더할 수 없이 정밀한 보배가 色으로 드러나고 氣가 발하는 것이다."[152]라고 설명하였다. 이와 같이 피부 위에 나타나는 것을 色이라고 하고, 피부 속에서 충만해 있는 것을 氣라고 하는데, 이것은 다 오장에서 발생한다.

氣는 사람의 정신과 형체를 기르며 神氣로 변화하여 오장과 육부 사이를 두루 유통하고 있으면서 喜·怒·哀·懼·愛·惡·欲의 칠정으로 인하여 밖으로 발현되어 五嶽과 四瀆에 나타났다가 안의 오장과 육부로 숨겨지게 되므로 "얼굴 전체의 氣色은 五臟六腑를 맡고 있는 징후이다."[153]라고 한다.

이러한 五氣에 대하여 『黃帝內經·素問』에서, "사람은 五臟에서 五氣가 나오니 기쁨·분노·슬픔·근심·두려움이 생긴다."[154]라고 하였으니, 五氣는 오장육부에서 나오고 사람의 마음에서 비

---

152) "夫石蘊玉而山輝, 沙懷金而川媚, 此至精之寶, 見乎色而發乎氣也", 麻衣相士, 앞의 책, 「論氣」.
153) "夫氣色者, 五臟六腑之司候也", 陳淡埜, 『相理衡眞』, 424쪽.
154) "人有五藏化五氣, 以生喜怒悲憂恐", 『黃帝內經·素問』「陰陽應象大論」.

롯된다는 말이다. 기색과 오장에 대하여 『白虎通義』「情性篇」에
서는 다음과 같이 말하고 있다.

> 人本含五行之氣而生, … 故內有五藏 … 五藏者何也? 謂肝
> 心肺腎脾也 … 故肝象木, 色靑而有枝葉, … 故肺象金色,
> 白也 … 故心象火, 色赤而銳也 … 故腎象水色黑, … 故脾
> 象土黃也.155)

사람은 본래 五行의 氣를 함유하고 태어나며, … 안으로
五臟이 있다. … 五臟이란 무엇인가? 肝臟, 心臟, 肺臟, 腎
臟, 脾臟을 말한다. … 肝은 木을 상징하며 색은 파랗고 가
지와 잎이 있다. … 肺는 金을 상징하며 색은 백색이다. …
心臟은 火를 상징하고 색은 적색이고 예리하다. … 腎臟은 水
를 상징하며 흑색이다. … 脾臟은 土를 상징하며 황색이다.

오장의 기운은 얼굴의 피부와 전신의 피부에 나타나는데, 氣와
色은 오장의 혈기성쇠의 구체적 표현이다. 건강인은 氣血과 오
장의 기운이 치우침이 없이 모두 조화로우며, 정신은 건전하고
왕성해서 氣色은 밝고 윤기가 있다. 형체가 쇠약하면 氣가 약해
지고 사라져 얼굴에 나타나는 氣色 또한 윤기가 없어지게 된다.
오장은 신명이 살고 있는 곳으로 장차 길하고 흉한 일이 있게
되면, 곧 얼굴빛이 먼저 반응이 되어서 얼굴에 나타나게 된다.
얼굴 위의 각 부위에서 기운과 안색이 발생되고 흩어지며, 또
이 기색이 숨기도 하고 나타나기도 하므로 이를 관찰하는 것을

---

155) 『白虎通義』「情性篇」.

찰색이라고 한다. 五臟과 五氣와의 관계를 보면, 분노는 肝에서, 기쁨은 心에서, 슬픔은 脾에서, 근심은 肺에서, 두려움은 腎에서 발현되는 것이다.

『麻衣相法』에 "골격은 사람 일생의 榮枯를 관리하고, 기색은 행년의 휴구를 결정한다."[156]고 하였다. 骨格은 한번 형성되면 평생 변화가 극히 적어 先天的으로 타고난 것을 뜻한다면, 氣色은 수시로 변화하기 때문에 현재의 모습을 파악하는 데 있어 가장 중요한 핵심이 된다고 할 수 있다.

2) 찰색의 시간

기색을 판별하는 법에 대하여 『神相全編』「辨氣色」에서는 다음과 같이 설명한다.

> 夫氣色者, 發於五岳, 隱於六腑, 朝則見於面容, 暮則歸於肺腹. 隨年隨月隨日隨時. 氣色升降各分, 面色白青黑紅黃, 按金木水火土形氣者, 出於青塵. 又如煙霧, 忽於何位, 有成有敗有吉有凶.

> 기색은 오악에서 퍼져 나오고 육부로 숨어 들어간다. 아침에는 얼굴에 나타나고 저녁에는 폐와 복부로 돌아간다. 해마다 다르고 달이나 날에 따라 다르며 시간에 따라서도 기색은 올라가기도 하고 내려가기도 한다. 얼굴색은 백, 청,

---

156) "骨格官一生之榮枯, 氣色定行年之休咎", 麻衣相士, 앞의 책, 「論氣」.

흑, 홍, 황 등의 오색으로 나누는데 금, 목, 수, 화, 토형에 따른다. 청진에서 나와서 연기나 안개처럼 갑자기 아무 곳에나 나타나는데, 성패가 있기도 하고 길흉이 있기도 한다.

오장에 위치한 정신과 기운의 빛은 곧 해 뜰 무렵이면 얼굴에 나타나는 것이며, 해 질 무렵에는 심장에서 쉬게 되는 것이다. "氣와 色은 輕重의 구분이 있어서, 아침에는 얼굴에 나타나고, 저녁에는 장부 속으로 들어간다."157) 따라서 찰색의 시간은 일출 즈음이 좋으며 실내의 조명을 이용하거나 강한 햇볕을 엷은 커튼으로 가리고 하는 것이 좋다. 취중이나 화가 났을 때는 기운이 안정되기를 기다려야 하며, 성급히 보면 크게 실수할 수 있으니 유의하여야 한다.

기색의 모양이나 모습은 서리 위에 눈이 오는 것을 분별하는 것과 같고, 또한 눈 위에 서리를 분별하는 것과 같은 것이니 그 상태가 심히 많아서 좁쌀과도 같고 크기로 보아 콩알과도 같다. 또한 실과도 같고 머리카락과도 같으며, 혹은 싸라기와도 같고, 혹은 긴 침과도 같으며, 그 빛이 정방형으로 모가 나고, 혹은 인장 모양이기도 하며, 혹은 둥근 모양이나 구슬과 같은 것도 있고, 혹은 창공에 떠 있는 구름의 상태와도 같을 수 있으며, 혹은 새가 날아가는 형상 같은 것도 있는 것이다.158)

---

157) "氣色有輕重之分, 朝見于面, 暮歸臟腑, 欲知其形狀", 陳希夷, 앞의 책.
158) 陳淡埜, 『相理衡眞』「色論」; 陳希夷, 앞의 책, 「論四時氣色總斷」.

3. 氣色與文人 關係

科名中人, 以黃色爲主, 此正色也. 黃雲蓋頂, 必掇大魁; 黃翅
入鬢, 進身不遠; 印堂黃色, 富貴逼人; 明堂素淨, 明年及第.
他如眼角霞鮮, 決利小考; 印堂垂紫, 動獲小利; 紅暈中分,
定産佳兒; 兩顴紅潤, 骨肉發迹. 由此推之, 足見一斑矣.

氣色與文人 關係(기색과 문인의 관계)

과거시험에 합격하는 사람은 황색을 주된 색으로 삼으니 이것
이 正色(정색)이다. 누런 구름이 정수리를 덮으면 반드시 장원
을 얻고; 누런 날개가 兩鬢(양빈)에 들어가면 進身(진신) 할 날
이 멀지 않았으며; 印堂(인당)이 황색이면 부귀가 가까이 다가
온 사람이고; 明堂(명당)이 희고 깨끗하면 명년에 과거에 급제
한다.

그 외에 眼角(안각)에 紅紫(홍자)색 노을이 선명하면 틀림없이
작은 시험에 유리하고; 印堂(인당)에 紫色(자색)을 드리우면 곧
잘 작은 이익을 얻으며; 붉은 무리가 가운데로 나뉘어 있으
면159) 반드시 훌륭한 자식을 낳으며; 양쪽 관골 부위에 붉고 윤
택한 빛이 드러나면 骨肉(골육)이 출세하여 공명을 세울 것이니,

---

159) 양 눈 아래 와잠 부위로 각각 홍색이 무리지어 있는 것 같음.

이러한 것을 근거로 미루어 나가면 일반적인 것을 볼 수 있을 것이다.

4. 靑色與 白色

色忌白, 忌靑. 靑嘗見於眼底, 白嘗發於眉端.
然亦有不同: 心事憂勞, 靑如凝墨; 禍生不測, 靑如浮煙;
酒色憊倦, 白如臥羊; 災晦催人, 白如傳紛. 又或靑而帶紫,
金形遇之而飛揚, 白而有光, 土庚相當亦富貴, 又不在此論也.
最不佳者, '太白來日月, 烏鳥集天庭; 桃花散面頰, 赬尾守地閣.'
有一於此, 前程退落, 禍患再三矣.

靑色與 白色(청색과 백색)

얼굴의 氣色(기색)은 백색을 꺼리고 청색을 꺼리니, 청색이 양쪽 눈 밑에 늘 나타나 있거나 백색이 양쪽 눈썹 끝 부분에 늘 나타나 있다.
그러나 또한 똑같지 않는 정황이 있으니: 마음과 일 때문에 걱정 근심으로 수고로우면 얼굴에 청색 먹물이 엉키어 있는 것과 같으며; 예측하지 않았던 재앙이 생길 때에는 청색 연기가 뿌옇게 떠 있는 것 같으며; 酒色(주색)으로 피로하고 권태로우면 얼굴에 백색이 나타나는데 양이 누워 있는 것같이 나타나고; 災晦(재회)가 사람에게 닥칠 때에는 얼굴에 백색이 나타나서 죽은 사람의 뼛가루를 발라놓은 것과 같다.

다시 또 혹 청색 중에 자색 기운을 띤 것을 金形人(금형인)이 만나서 높은 지위에 오를 것이며, 백색에 광채가 있으면 土와 庚(金)이 상합하여 역시 부귀하며, 또한 이러한 논리에 있지 않은 것이다.

가장 좋지 않은 것은 太白星(태백성)이 日月(일월)에 온 것과 까마귀가 天庭(천정)에 모인 것과 복숭아꽃이 面頰(면협)에 흩어져 있는 것과 붉은색 꼬리가 地閣(지각)을 지키는 것이니,[160] 이 중에 하나라도 있다면 앞길이 퇴락하여 재앙과 환란이 거듭될 것이다.

---

160) 백색이 일월각 또는 눈언저리에 감돌면 喪亂을 주장하고, 검은 흑점이 천정이 있으면 사망을 주장하고, 붉은 반점이 양 뺨에 흩어져 있으면 형옥을 주장하고, 적색이 턱에 머무르면 사망을 주장한다.

해 설

1) 五氣와 五色의 正色과 吉凶

(1) 氣의 종류

洞微玉鑑曰: 氣一而已矣, 別而論之, 則有三焉. 曰自然之氣,
曰涵養之氣. 曰所襲之氣. 自然之氣, 五行之秀氣也. 吾稟受
之, 其清常存. 所養之氣, 是集義而生之氣也. 吾能自安物不
能擾. 所襲之氣, 乃邪氣也. 若所存不厚, 所養不充, 則爲邪
氣. 所襲矣. 又推而廣之, 則有青·赤·黃·白·黑五色也.161)

「洞微玉鑑」에 말하기를: 氣는 하나일 뿐인데, 氣를 구별해
서 논하면 셋으로 나눌 수 있는데, 自然之氣, 涵養之氣, 所
襲之氣이다. 자연의 氣는 오행 중의 빼어난 氣로 자신이
선천적으로 받은 氣로 그 맑음은 장기적으로 보존된다. 所
養之氣는 마음속에 쌓아둔 정의가 生한 氣로 나 스스로 편
안하게 할 수 있고 사물이 어지러워서는 안 된다. 所襲之

---

161) 陳希夷, 『神相全編』 「論四時氣色總斷」, 古今圖書集成 本.

氣는 邪氣라고 할 수 있는 氣로 만약 보존한 氣가 두텁지
못하고 길러낸 氣가 충족하지 못하면 邪氣의 침습을 받는
데 所襲이다. 또 이를 널리 미루어보면 청·적·황·백·흑
五色도 그러하다.

(2) 氣色의 종류

五氣가 나타날 때, 왕성할 때, 사라질 때의 모양과 함께 그로 인
해 나타나는 五色의 출몰 현상을 관찰하면 그 길흉을 알 수 있다.
오색에는 정색과 사색이 있는데 먼저 오색의 정색에 알아본다.

● 오색의 정색

> 黃色土也, 其敷潤貼肉, 不凝不浮者, 爲正色也. 紅紫二色同,
> 皆主喜悅. 靑色木色也, 其色榮暢條達, 如竹柳葉者, 爲正色
> 也. 赤色火色也, 其色光澤華, 秀如脂塗丹爲正色. 白色金也,
> 其色溫潤如玉, 經久不變者, 乃正色也. 黑色水色也, 其色條
> 暢, 風韻光彩, 有鋒鋩顯露者, 爲正色也.[162]

황색은 土이다. 그 색이 전체적으로 윤기가 나고 살에 붙
어 엉키지 않고 들뜨지 않으면 正色이다. **붉은색과 자색**
두 가지 색은 正色이며 모두 기쁨을 주관한다. **청색**은 木
의 색이다. 그 색이 아름답게 화창하고 막힘이 없으며 마
치 대나무 잎이나 버드나무 잎 같은 것이 正色이다. **적색**

---

162) 陳希夷, 앞의 책, 「論五色吉凶應時生死」.

은 火의 색이다. 그 색은 빛이 나고 화려하고 아름다워서
수려하기가 손가락에 주사를 바른 것 같으면 正色이라고
한다. **백색**은 金에 속한다. 그 색은 따스하고 윤기가 나서
玉과 같으며 오래가도 변하지 않는 것이 正色이다. **흑색**은
水의 색이다. 그 색이 화창하고 운치가 있고 광채가 나며
칼날의 서슬이 드러난 것을 正色이라고 한다. 오색의 正色
은 각각의 색이 맑고 깨끗하며 전제적으로 윤기가 있어야
한다.

● 氣色의 출몰과 그 현상

머리는 一身의 주인으로 길흉의 기색은, 먼저 얼굴에서 피어 나
타나며, 그 기색은 7가지 종류로 구분된다. 淸, 黃, 赤, 白, 黑의
오색과 그 가운데 붉은 紅色과 紫色이 포함된다. 기색이 나타날
때, 왕성할 때, 사라질 때의 모양과 함께 그로 인해 나타나는 오
색의 출몰 현상을 관찰하면 그 길흉을 알 수 있다.

> 木色靑, 乃肝發之神, 發時如初生柳葉, 又如靑線.; 將盛之時
> 如草木. 初生欲去之時, 如碧雲之色, 霏霏然, 落散也 … 發
> 則主憂, 橫則主外憂, 潤主外憂, 沉主遠憂, 散主憂散 … 以
> 色淺深斷之.[163]

木의 색은 청색으로 곧 肝에서 나온 神氣다. 나타날 때는
처음 나온 버들잎 같고, 또 푸른 실 같기도 하다.; 왕성해

---

163) 陳希夷, 앞의 책, 「五色所屬」; 「靑色出沒」.

질 때는 초목과 같으며, 처음 생긴 것이 사라지려고 할 때는 푸른 구름의 색과 같고 부슬부슬 내리는 비같이 떨어져 흩어진다. … 청색이 나타나면 근심이 있고, 뒤섞이면 바깥에서 근심이 있으며, 번들거리면 외환이 있고, 가라앉으면 먼 곳에서 걱정이 있으며, 흩어지면 근심도 풀린다. … 색의 얕고 깊음으로써 판단한다.

火色赤乃心神之發, 發之赤散如醉.; 赤色出沒如火始. 然將盛之時, 炙交如絳繒, 欲去之時如連珠, 累累而去. … 發主公私鬪訟, 口舌驚撓之事. 潤主刑厄, 細薄主口舌鞭笞. … 色定之.[164]

火의 색은 적색으로 심장의 神氣가 나온 것이다. 나오면 붉은색이 퍼져서 술에 취한 듯하다.; 적색이 나타났다 사라지는 것은 처음 일어날 때 불꽃과 같고, 장차할 때는 불꽃이 힘차게 타오르는 듯 진홍 비단 같으며, 사라지려고 할 때는 연접해 있는 구슬이 하나씩 떠나가는 것 같다. … 적색이 나타나면 公私 간에 소송을 당하거나 구설이 있고 깜짝 놀라며 요동하는 일이 있으며, 번들거리면 형벌을 받는 재난이 생기고, 가늘고 얇으면 구설과 매 맞는 일이 있다. … 색을 보고 정한다.

土色黃乃脾之神, 發時如卵黃, 多喜事.; 黃色出沒, 如蠶吐絲, 將盈之時, 來之未結, 或如馬尾. 欲去之時, 如柳花之色, 搏

---

164) 陳希夷, 앞의 책, 「五色所屬」; 「赤色出沒」.

聚斑駁 … 發則皆喜慶, 但不宜入口, 欲主瘟病 … 須以深淺
遠近爲定耳.165)

土의 색은 황색으로 비장의 神氣이다. 나올 때 달걀의 노
른자위 같은데 기쁜 일이 많다.; 황색이 나타났다 사라지
는 것은, 처음 일어날 때 누에가 실을 토해내는 것과 같고,
왕성할 때는 누에가 집을 짓는 것과 같으며 혹은 말의 꼬
리 같기도 하며, 사라지려고 할 때는 버드나무 꽃의 색같
이 얽히고 모여 아롱아롱 얼룩점이 있는 것과 같다. … 황
색 기운이 발생하면 주로 경사가 생기지만, 다만 입에 들
어가면 마땅 치 못하며 瘟病에 걸린다. … 반드시 깊고 옅
음과 멀고 가까운 것을 가지고 정해야 한다.

金色白乃肺之神, 如敷粉汗出流, 不似白露.; 白色初起, 白如
塵拂. 將盛之時, 如膩粉散點, 或如白紙. 欲去之時, 如灰垢
之散 … 發主哭聲憂擾, 潤主哭泣細憂. 重浮憂輕散病差.166)

金은 흰색으로 肺의 神으로 가루처럼 땀과 함께 배출되어
흩어지는 것이 白露와는 같지 않다.; 흰색이 처음 일어날
때는 먼지를 털어서 일어나는 것 같고, 왕성할 때는 먼지
와 가루가 흩어져 이룬 점 같거나 백지 같으며, 사라지려
할 때는 먼지와 때가 흩어지는 듯하다. … 흰색이 나타나
면 슬피 울고 근심하여 마음이 어지러우며, 번들거리면 우
는 일이 있으며 걱정근심이 있다. 흰색이 거듭 있으면 근

---

165) 陳希夷, 앞의 책, 「五色所屬」; 「黃色出沒」.
166) 陳希夷, 위의 책, 「五色所屬」; 「白色出沒」.

심이 많고, 표면에 뜨게 되면 근심이 가벼울 것이다. 흰빛
이 흩어지면 근심이 풀리고 병도 낮게 된다.

水色黑乃腎之神.; 黑色初起, 如烏馬尾. 將盛之時, 如髮和膏,
欲去之時, 如落垢沫水. … 發主疾病災厄, 潤主死亦主兵. 色
枯翳客死. …167)

水의 색은 검은색으로 곧 腎의 神氣이다.; 흑색은 처음 일
어날 때는 검은 말의 꼬리 같고, 왕성할 때는 머리카락에
기름을 바른 것 같으며, 사라지려 할 때는 떨어지는 티끌
과 같거나 물거품 같다. 검은색이 나타나면 질병이 발생하
고 재앙과 액운이 생기며, 번들거리면 죽거나 다치게 되고,
마르고 막히면 객사하며, 드러나면 병에 걸린다.

紫氣初出如兎毫, 將盛之時如紫草, 欲去之時如淡煙. 籠枯木,
隱隱然得土木之氣. … 亦旺在四季, 更無休囚, 發皆爲吉, 亦
與黃色同意.168)

紫氣는 처음 나타날 때는 토끼털 같고, 왕성할 때는 자초
같으며, 사라지려 할 때는 뿌연 연기 같다. 고목을 에워싸
는 것 같아서 은은하게 토와 목의 나머지 기운을 얻은 것
같고 … 또한 그 기운이 왕성한 것은 사계절에 있고, 다시
이 기운이 쉬고 닫히는 休囚가 없으니 자줏빛이 나타나면
모두 길하며, 또한 황색과 같은 의미이다.

---

167) 陳希夷, 앞의 책, 「五色所屬」; 「黑色出沒」.
168) 陳希夷, 위의 책, 「紫色出沒」.

紅, 赤, 紫色 세 가지 색은 얼핏 보면 한 가지 색 같지만, 그 實은 서로 같지 않아 가장 분별하기 어렵다. 赤色은 검붉은 색으로 재난을 의미하고, 紅色은 얼굴에 생기가 가득 차고 광채가 있는 색으로 기쁨이 있는 것이며, 紫色은 복이 되는 색으로 紅에 黃이 조금 들어갔으니 눈을 찔러 미미한 방광이 나오며 경사로운 일을 의미한다. 기색을 관찰할 때는 얼굴을 전체적으로 보지만 세부적으로는 각각의 12궁에서도 그에 맞게 판단한다.

氣가 흩어지면 털과 머리카락 같고, 氣가 모이면 좁쌀이나 쌀과 같으며, 바라보면 형체가 있고, 만지려 하면 흔적이 없어서 진실로 정밀하게 살피지 않으면 禍와 福을 알 수가 없다.[169]

기색에 관한 詩[170] 몇 편을 소개한다.

辨四季色

詩: 春要靑分夏要紅, 秋間白色喜重重. 冬間黑氣乘來往,
若不相刑應始終.

봄에는 푸르러야 하고 여름에는 붉어야 하며,
가을에 희면 기쁜 일이 겹친다.
겨울에 검은 기가 내왕하는데
서로 형극하지 않으면 시작과 종말에 응험한다.

---

169) 麻衣相士, 앞의 책, 「論氣」.
170) 陳希夷, 『神相全編』: 「辨四季色」「辨口色」「辨眼色」「辨眉色」「辨耳色」「辨面色」.

辨口色

詩: 口角幷腮有黑紋, 須憂臟腑不調勻. 口角紅黃紫色多,
　　此般氣象最安和.

구각과 뺨에 검은 주름이 있으면
반드시 오장육부가 조화되지 않았으므로 근심해야 한다.
口角 주위에 붉은색이나 누런색 혹은 자색이 나타나면
이 같은 기상은 가장 평화롭다.

辨眼色

詩: 眼邊黑色切須知, 百事施爲亦不宜. 眼下靑靑憂染軀,
　　心中不樂暗嗟吁.

눈가에 검은색이 있으면 끊어짐을 알아라.
만사를 베풀어도 또한 마땅하지 않다.
눈 아래가 푸르면 근심 걱정이 몸에 베어들고,
마음이 기쁘지 못하여 남몰래 탄식한다.

辨眉色

詩: 左右眉頭赤色凶, 定遭公事在官中. 眉頭見得常明澤,
　　所作施爲百事通.

좌우의 눈썹머리가 적색이면 불길한데
반드시 관청의 일에 말려든다.

눈썹머리가 항상 맑고 윤택하면
하는 일이 모두 성사된다.

辨耳色

詩: 兩耳焦黑腎氣虛, 紅潤丹田病盡除.

두 귀가 불에 탄 것처럼 검으면 신장이 虛하고,
붉고 윤택하면 丹田의 병이 모두 없어진다.

辨面色

詩: 滿面都靑色, 常懷毒害心. 要知招喜慶, 紅色滿容侵.

얼굴이 모두 푸른색이면
늘 남을 해치려는 마음을 품고 있다.
기쁜 일과 경사스러운 일을 불러오려면
발그스레한 색이 얼굴에 가득하다는 것을 알라.

余家有冰鑑七篇. 不著撰人姓名. 宛似一子. 世無刻本. 恐其
煙沒也. 觀人之法. 孔有焉廋之辭. 孟有眸子之論. 聖賢所重.
吾輩其可不知乎. 此篇固切於用. 非同泛書. 亦兼賞其文辭云
爾. 南海吳榮光荷屋氏弁識.

내 집에 冰鑑 7篇이 있는데, 지은 사람의 성명을 밝히지 않았으나,
하나의 독자적인 체계를 이룬 것 같으며, 세상에 출판한 적이
없으니, 연기처럼 사라질까 두렵다.
사람을 관찰하는 법은 공자의 '사람이 어찌 자신을 숨기겠는가'
라는 말이 있고 맹자의 '눈동자'의 논리가 있듯이 성현들이 중
히 여긴 바이니, 우리들이 어찌 알지 않을 수가 있겠는가?
이 책은 진실로 사용에 절실하니 널리 나와 있는 책들과 같은
것이 아니며 또 그 문사도 겸하여 감상할 수 있다.

南海 吳榮光 荷屋氏弁識

道光 己丑歲 仲春香山 曾大經綸閣氏 書

附錄　冰鑑全文

冰 全文 鑑

神骨章第一

語云脫穀爲糠其髓斯存神之謂也山騫

不崩惟石爲鎭骨之謂也一身精神具乎

兩目一身骨相具乎面部他家兼論形骸

文人先觀神骨開門見山此爲第一

相家論神有清濁之辨清濁易辨邪正難

辨欲辨邪正先觀動靜靜若含珠動若水

發靜若無人動若赴敵此爲澄清到底靜

若螢光動若流水尖巧喜淫靜若半睡動

若鹿駭別才而深思一爲敗器一爲隱流

均之訛跡二清不可不辨

凡精神抖擻時易見斷續處難見斷者出

處斷續者閉處續道家所謂收拾入門之

說不了處看其脫累做了處看其針線小

心者從其做不了處看之疎節闊目若不

經意所謂脫略也大膽者從其做了處看

之慎重周密無有苟且所謂針線也二者

實看向內處稍移外便落情態矣情態易

見

骨有九起天庭骨隆起枕骨強起頂骨平

起佐串骨角起太陽骨線起眉骨伏犀起

鼻骨芽起顴骨豐起項骨平伏起在頭以

天庭骨枕骨太陽骨爲主在面以眉骨顴

骨爲主五者備柱石器也一則不窮二則

不賤三動履小勝四貴矣

骨有色面以青為主少年公卿半青面是

也然次之白斯下矣骨有質頭以聯者為

貴碎次之總之頭無惡骨面佳不如頭佳

然大而缺天庭終是賤品圓而無串骨半

為孤僧臭骨犯眉堂上不壽顴骨與眼爭

子嗣不立此中貴賤有憂釐千里之辨

剛柔章第二

既識神骨當辨剛柔剛柔即五行生尅之

數名曰先天種子不惟用補有餘用洩消

息直與命通此其皎然易見五行有合法
木合火水合木此順而合順者多富即貴
亦在浮沈之間金與火仇有時合火推之
水土皆然此逆而合逆者其貴非常然所
謂逆合者金形帶火則然火形帶金則三

十死矣水形帶土則然土形帶水則孤寒

老矣木形帶金則然金形帶木則刀劍隨

身矣此外牽合俱是雜格不入文人正論

五行為外剛柔內剛柔則喜怒伏跳深淺

者是喜高怒重過目輒忘近粗伏亦不伉

跳亦不揚近蠢初念甚淺轉念甚深近奸

内奸者功名可期粗蠢各半者勝人以壽

純奸能豁達者其人終成純粗無周密者

半途必弃觀人所忽十得八九矣

容貌章第三

容以七尺爲期貌合兩儀而論胸腹手足

實接五方耳目口鼻全通四氣相顧相稱

則福生如背如湊則林林總總不旦論也

容貴整整非整齊之謂短不豕蹲長不茅

立肥不熊餐瘦不鵲寒所謂整也背宜圓

水鑑

腹宜突坦手宜溫軟曲若彎弓足宜豐滿

下宜藏蛋所謂整也五短多貴兩大不揚

貧重高官鼠行好利此為定格他如手長

其身身過於體配以佳骨定主封侯羅紋

滿身胸有秀骨配以妙神不拜相即鼎甲

相貌家有清古奇秀之別摠之不必須看

科名星陰隲紋爲主科名星十三歲至三

十九歲隨時而見陰隲紋十九歲至四十

六歲隨時而見二見全大物也得一亦貴

科名星見於印堂眉彩時隱時見或爲剛

冰鑑

針或為小丸嘗有光氣酒後及發怒時易

見陰隲紋見於眼角陰雨便見如三叉樣

假寐時寢易見得科名星蚕發得陰隲紋

遲發二者全無前程莫問陰隲紋見於喉

間又主子貴雜路不在此格

目者面之淵不深則不清鼻者面之山不

高則不靈口潤而方祿千鍾齒多而圓不

家食眼角入鬢必掌刑名項見於面終身

錢穀此貴徵也舌脫無官橘面不顯文人

不傷左眼鷹準動便食人此賊徵也

水鑑

情態章第四

容貌者骨之餘常佐骨之不足情態者神
之餘常佐神之不足久注觀人精神乍見
之餘常佐神之不足久注觀人精神乍見

觀人情態大家舉止羞澀亦佳小兒行藏

跳叫愈失大旨亦辨清濁細處熟論取舍

人有弱態有狂態有疎懶態有周旋態飛

鳥依人情致婉轉此弱態也不衫不履旁

若無人此狂態也坐止自如問答隨意此

懶態也飾其中機不苟言笑察言觀色趨

吉避凶此周旋態也皆根其情不由矯枉

弱而不媚狂而不譁踈懶而真誠周旋而

健舉皆能成器反此敗類也大概亦得二

三矣

前者恒態又有時態方與對談神忽他往

眾方稱言此獨冷笑深險難近不且與論

情言不必當極口稱是未交此人故意詆

毀卑庸可恥不旦與論事湯無可否臨事

遲回不甚關情亦為堕淚婦人之仁不旦

與談心三者不必定人終身反此以求可

以交天下士

鬚眉章第五

鬚眉男子未有鬚眉不具可稱男子者少

年兩道眉臨老一林鬚此言眉主蠶成鬚

主晚運也然而紫面無鬚自貴暴腮缺鬚

亦榮郭令公半部不全霍嫖姚一副寡臉

此等間逢畢竟有鬚眉者十之九也眉尚

彩彩者杪屐反光也貴人有三層彩有一

二層彩者所謂文明氣象宜踈爽不宜凝

滯一望有乘風翔舞之勢上也如潑墨者

嶽下倒豎者上也下垂者嶽下長有起伏

水鑑

短有神氣濃忌浮光淡忌枯索如劍者掌

兵權如帚者赴法場笛中亦有微范不可

不辨他如壓眼不利散亂多憂細而帶媚

粗而無文最是下乘

鬚有多寡取其與眉相稱多者宜清宜踈

참고문헌

王朴 撰, 『太淸神鑑』, 四庫全書(文淵閣)・子部・術數類, 迪志文化出版有限公司, 1999.

張行簡等 撰, 『人倫大統賦』, 四庫全書(文淵閣)・子部・術數類, 迪志文化出版有限公司, 1999.

宋齋邱 輯, 『玉管照神局』, 四庫全書(文淵閣)・子部・術數類, 迪志文化出版有限公司, 1999.

作者未詳, 『月波洞中記』, 四庫全書(文淵閣)・子部・術數類, 迪志文化出版有限公司, 1999.

劉邵, 劉昞 注, 『人物志』, 四庫全書(文淵閣)・子部・雜家類・雜學之速, 迪志文化出版
　　　　有限公司, 1999.

曾國藩, 歐陽相如 解譯, 『氷鑑』, 台北: 捷幼出版社, 2003.

陳希夷, 『神相全編』古今圖書集成・博物彙編・藝術典・相術部, 2003.

麻衣相士, 『麻衣相法』, 臺北: 武陵出版有限公司, 2009.

袁忠撒, 『柳莊相法』, 鼎文書局, 2001년.

陳淡埜, 『相理衡眞』, 臺北: 武陵出版社, 1987.

陳淡埜, 무진미래연구원 譯, 『相理衡眞』, 서울: 황금시대, 1998.

金赫濟 校閱, 『麻衣相法』, 서울: 명문당, 1988.

朴正潤, 「陰陽五行說의 성립과 그 이론적 배경」, 고려대학교 석사학위 논문, 2001.

金洛必, 「權克中의 內丹思想」, 서울대학교 박사학위 논문, 1990.

金娟希, 「相學에 나타난 長壽理論의 연구」, 원광대학교 석사학위 논문, 2004.

金娟希, 「劉劭 ‘人物志’의 人材論에 관한 相學的연구」, 원광대학교 박사학위 논
　　　　문, 2009.

김연희

전북 전주 출생
원광대학교 동양철학 석사
원광대학교 동양문화학 박사
고려수지침 학회 학술강사 역임
현) 원광대학교 동양학대학원 동양철학과 초빙교수
　　　원광디지털대학교 동양학과 출강
　　　한양대학교 국제학대학원 한국학과 출강
　　　동양학 연구실 운영

주요 논문 및 저서

박사논문

「劉劭 〈人物志〉 의 人材論에 관한 相學的연구」

석사논문

「相學에 나타난 長壽理論의 연구」 −현존 장수인의 相을 중심으로−

연구논문

「劉劭 〈人物志〉 에 나타난 도가적 성향 탐구」
「동양의학 개론과 오운육기」
「오운육기와 질병 및 사주와의 상관관계」
「운기체질과 고혈압의 관계」
「운기체질과 당뇨병과의 상관관계에 관한 연구」

저서

『관상학의 인재경영』(2009)
『관상학의 장수비결』(2009)

증국번의 관상심리
인재의 상

초판인쇄 2017년 6월 9일
초판발행 2017년 6월 9일

주 역 김연희
펴낸이 채종준
펴낸곳 한국학술정보㈜
주소 경기도 파주시 회동길 230(문발동)
전화 031) 908-3181(대표)
팩스 031) 908-3189
홈페이지 http://ebook.kstudy.com
전자우편 출판사업부 publish@kstudy.com
등록 제일산-115호(2000. 6. 19)

ISBN 978-89-268-7928-3 93150